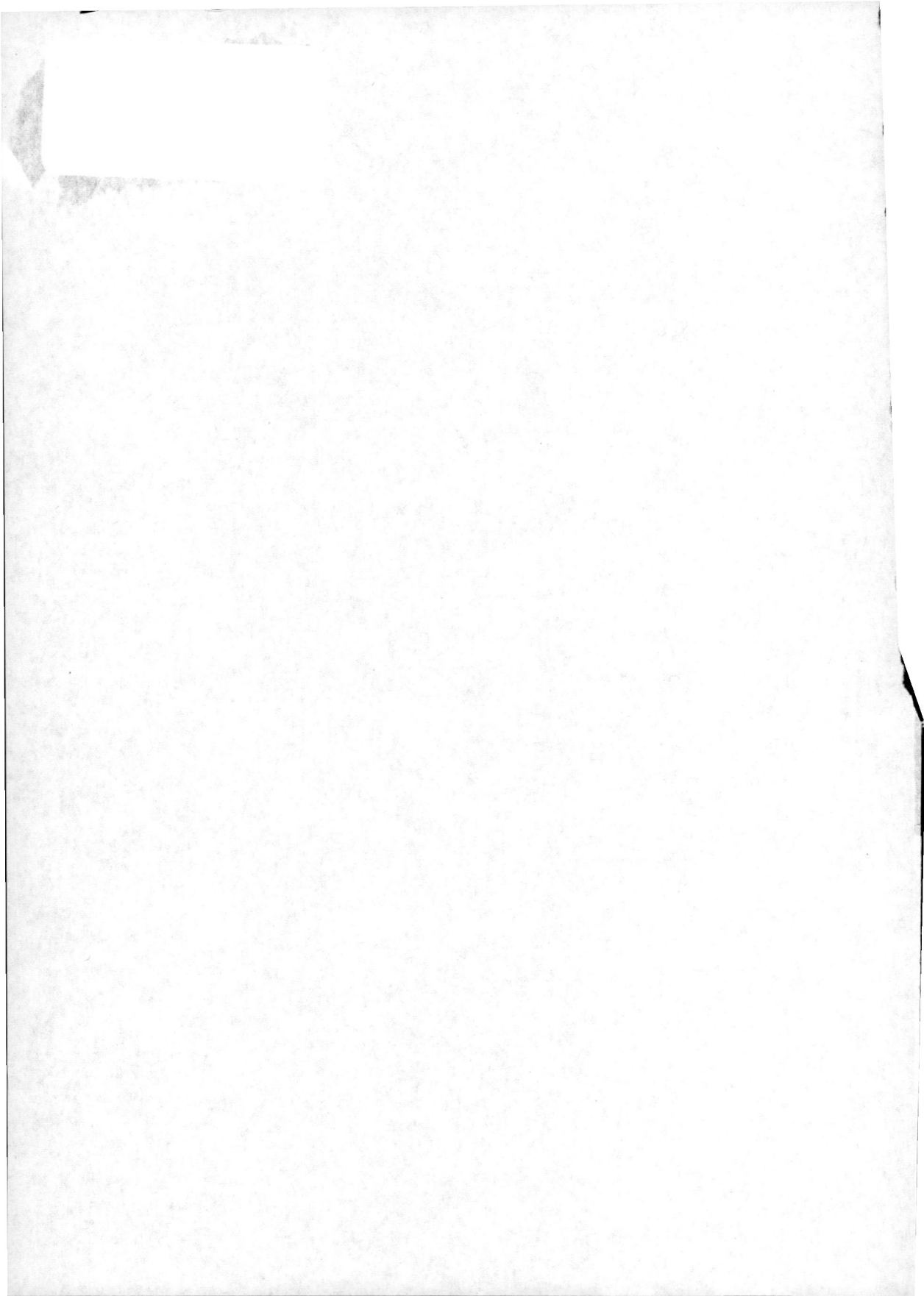

鲁迅美术学院学术著作出版基金资助出版

新时期全民健身的持续发展研究

郑红艳　著

新 华 出 版 社

图书在版编目 (CIP) 数据

新时期全民健身的持续发展研究 / 郑红艳著 .
— 北京 : 新华出版社 , 2022.7
ISBN 978-7-5166-6311-0

Ⅰ . ①新… Ⅱ . ①郑… Ⅲ . ①全民健身 – 可持续性发
展 – 研究 – 中国 Ⅳ . ① G812.4

中国版本图书馆 CIP 数据核字（2022）第 112863 号

新时期全民健身的持续发展研究

作　　者：郑红艳

责任编辑：蒋小云　　　　　　　封面设计：马静静

出版发行：新华出版社
地　　址：北京石景山区京原路 8 号　邮　　编：100040
网　　址：http : //www.xinhuapub.com
经　　销：新华书店
　　　　　新华出版社天猫旗舰店、京东旗舰店及各大网店
购书热线：010-63077122　　　中国新闻书店购书热线：010-63072012

照　　排：北京亚吉飞数码科技有限公司
印　　刷：北京亚吉飞数码科技有限公司
成品尺寸：170mm×240mm　　1/16
印　　张：11.75　　　　　　字　　数：186 千字
版　　次：2023 年 4 月第一版　印　　次：2023 年 4 月第一次印刷
书　　号：ISBN 978-7-5166-6311-0
定　　价：72.00 元

前　言

　　进入 21 世纪,我国社会各领域发展突飞猛进,有些甚至达到了较高水平,人民的物质生活水平不断提升,解决了温饱问题后,人们开始将进一步提升生活质量的目光投向了体育健身。随着大众健身健康意识的逐渐形成,搞好全民性的体育健身活动成为我国又一项关乎民生的工作。在 20 世纪 90 年代中期,我国出台了对体育强国理念具有划时代意义的文件——《全民健身计划纲要》(1995)。其颁布至今,群众性体育活动的发展可谓是节节攀高,甚至这已经不单纯是一项体育健身活动,而成了一种社会文化现象,全民健身活动也就自然被纳入了社会主义精神文明建设的工作范畴中。

　　全民健身是一项处于变化中的事物,它会随着社会中多项文化的发展而变化,因此它所属的理论与实践不是一个恒定不变的事物。例如,世界卫生组织对于“健康”标准的定义及其之后的改变,就会使全民健身运动中的多种元素发生变化。再如,20 世纪 80 年代的大众健身理论与开展的项目就与今天大不相同,这些变化都是社会文化发展所带来的。为了能够使全民健身获得可持续发展,就需要对全民健身理论进行再剖析,并对新兴的运动项目予以引进和创造,而这也是《全民健身计划纲要》所要求的,同时也是满足大众日益增长的健身需求所必需的。基于此,特撰写了本书。

　　全书共九章内容。第一章首先阐述了全民健康与全民健身的内涵及其时代背景,这会让读者对全民健身的由来有一个较为全面的了解;第二章主要介绍了《全民健身计划纲要》的情况,包括其颁布的背景与意义、大体内容和实施情况等;第三章阐析了全民健身持续发展要求下的服务体系;第四章对全民健身的科学理论与基本健身方法进行了研究,为大众参与健身运动打好基础;第五章则从运动安全的角度入手对全民健身的科学保障理论与举措进行研究;第六章至第九章分别对社会不同人群、实用体育、球类运动和民族传统体育运动等健身方法进行研究,通过这几章运动实践内容以期使大众能够选择到自己喜爱的运动项目并掌握基本的运动技术。

总的来看,本书始终围绕最为实际的全民健身活动这一主线展开撰写,同时还结合了对全民健身理论与纲领的解读,由此使得整本书具有内容丰富、逻辑合理、理论充实、图文并茂的特点。具备的诸多特点无疑增加了本书的科学性与实用性,可以说这是一本较为适合广大健身爱好者和全民健身运动组织者阅读的指导书。

撰写书籍是一项艰巨的工作,为了使书中理论更为完善,撰写过程中还借鉴和参考了同领域专家、学者的理论和资料,在此向他们的辛勤劳动表示感谢。另外,成书后难免还会有一些不足,恳请读者予以批评指正,不胜感激。

作　者
2021 年 11 月

目　录

第一章

全民健康与全民健身的内涵及其时代背景阐述

　　健康问题在今天受到了广大人民群众的关注，人们意识到这是维持较高生活质量的关键。大众对健康问题的关注正是社会发展到一个阶段后的正常表现。全民健身是维护全民健康的重要方式，为此，国家也在这方面做出了诸多努力和切实举措，想方设法为大众的健身行为提供便利和更好的服务。本章就对全民健康与全民健身的内容及其时代背景进行阐述，以期让人们更加了解健身与健康的关系，以及参与全民健身活动的深远意义。

第一节　健康与亚健康的内涵

一、健康的内涵

　　世界性的卫生组织在 1948 年成立，该组织成立伊始就颁布了组织《宪章》。在《宪章》中就有对"健康"一词的定义。在起初对"健康"一词的定义中，世卫组织将其定为生理和心理两大方面，即健康需要从生理和心理两个层面来界定，两个层面中只要有一个层面处于不健康的状态，就不能界定这个人是健康的。这一理念的提出改变了人们传统理念中认为的只要不生病，就是健康的认知。之后出现了包括生理健康、心理健康和社会适应健康(具体表现为个体可以在社会中承担多种角色,遵守社会规范,可以适应变化中的各种社会环境)三方面内容的"三维健康观"。

经过理论研究和实践汇总,世界卫生组织在 1989 年又对"健康"的概念进行了完善和补充。这次在"健康"概念中增加了道德健康这一新元素。于是乎,传统的健康观就由"三维"升级为了"四维"(图 1-1)。而在此之后,美国研究机构又提出了一个全新的健康观——五维健康观(图 1-2),再一次丰富了"健康"的定义。

图 1-1   图 1-2

如图 1-2 所示,"五维健康观"中的五要素之间有着更加紧密的联系,每种元素都是一种相互影响的关系,需要平衡发展,缺一不可。具体来看,健康五要素的内涵如下。

(1)身体健康。身体健康首先是身体健全,其次是没有疾病,感到精力充沛。这是人得以顺利从事任何活动的基础。

(2)精神健康。精神健康是理解生活基本目的的能力,以及关心和尊重所有生命的能力。

(3)情绪健康。情绪健康是人可以有效控制自身情绪,让其始终保持在正常范围内的能力。一个拥有良好情绪的人可以在生活中以更加清醒的头脑和稳定的心理素质应对各种事件,特别是某些突发事件,这也是他们拥有更好的意志力的基础。这一点在现代竞争如此巨大的社会中显得非常重要。现代社会给了每个人更多的发展机遇,但同时也给人们带来了较大的压力,这些压力和快节奏的生活都会给人带来不良情绪,需要给予重视,及时排解。

(4)智力健康。智力健康是指在长期的工作与学习中大脑能够保持相应的活跃状态。

（5）社会健康。社会健康是指个体与他人及社会环境相互作用形成的和谐的人际关系和社会角色的能力。简单说就是人与社会的融合度。

二、理想健康

现代人们对自身健康问题的关注和维护健康的行为与过往相比表现出的是一种截然不同的在意。对于健康的渴望几乎是每个人所追求的，这是社会文明发展到一定阶段的必然趋势。世界卫生组织对健康的多元定义，更让人们知道了健康的内容与内涵及其带给人们的深远意义。为此，相关学者彻底打破了原有的健康研究方法和评判体系，创新出了新的健康促进终极目标——理想健康。

所谓的理想健康，实际上是个体重在发挥潜能以维持自身的健康状态，以期最终达到"身心合一"的整体完美的状况。这里需要说明一下，理想健康概念中追求的这种健康状况的前提是个体的身体没有疾病或残缺，然后才是改善心理健康以及社会适应力方面的状态，最后还有精神、道德等方面的健康。

这样一来，要想获得理想健康就注定要关注到诸多与健康有关的方面，这使得健康的本质得到了完善，同时还强调了人们获得健康的途径。如此获得的健康，才是最完美的一种健康状态。

三、影响健康的因素

人的健康状况不是以一种稳定的状态存在的，它会随着人的年龄、从事的工作等因素发生不同程度的上下浮动。例如，当人从青年阶段来到中年阶段后，就会对一些本来应对自如的事情感到力不从心，精力消耗较快；当长期从事电脑前办公的工作时，身体就会出现发胖和运动机能减退等现象；从事过多体力劳动会给身体整体或局部造成劳损。

种种这些情况都表明人的健康状况会在一生中出现不断波动。然而，这种波动只要在一定范围内，就是正常的，一旦超过范围，就会影响到身体健康，极易导致身体出现疾病。对于影响健康的因素来说，主要有以下几种。

（一）遗传因素

人体的状态和特征中有很多会受到遗传因素的影响,即表现出与父母在多种方面的相似。人的健康程度也是如此,它会受到父母的遗传影响。简单来说,如果父母拥有出色的体质,那他们的孩子拥有良好的体质的概率就很高,反过来也是如此的。虽然这种观点普遍得到了人们的认可,但就体质层面来说,受到遗传因素影响的程度有多大,目前的研究并没有得出一个可以被广泛认可的理论。

（二）心理因素

心理因素能左右人体的健康程度,这已经是经过证实的结论。但是,相比起人的身体健康来说,对心理学领域的认识和研究起步较晚。所以,心理因素对健康产生的影响这一理念也是近二百年来才被逐步认可的。

心理因素对身体健康带来的不利影响主要是来自消极心理的存在,以及这种心理的不断积累,直到身体也对此无法承受。在我国古代就有了关于心理状态对身体健康程度的影响的表述,如在《黄帝内经》中曾多处提到了"怒伤肝""喜伤心""悲伤脾""恐伤肾"等理论。在拥有更多科学仪器用于检测的今天,人们更加肯定了由心理因素催生的生理性疾病的发生与发展。

临床研究表明,消极情绪会引起人体器官系统的功能失调。最典型的由心理原因导致的影响身体健康的例子就是因心理因素导致的失眠、恶心、头晕、心跳加快、血压升高等症状。相反,积极的心理因素就非常有利于人体健康,其能让身体状态良好,如新陈代谢加快、抵抗力提升、促进伤口愈合或疾病恢复等。

（三）环境因素

环境因素也会对人体的健康状况产生影响。现今人们生活的环境总是处于快速变化当中,特别是外部生存环境的变化更是突出,因此,对环境因素和对健康影响的研究就显得越发重要。目前,包括空气质量降低、城市光污染、水质污染等多种环境的恶化情况都对人体的健康产生了不利影响。人们长期生活在这种环境下,就很容易患上多种疾病。

（四）营养因素

人体要想保持正常的功能就必须要摄入足够的营养。当人从事的活动对能量有功能的消耗时，自然也就需要更多的营养摄入以维持人体能量的供需平衡。营养的摄入与消耗必须要保持一个相对平衡的稳态，就摄入来说，过多或过少都对健康不利。合理的营养摄入既能保证了机体对各种营养素的需要，又有利于预防心血管等多种疾病。另外，人体的营养还分为宏量元素和微量元素。在关注宏量元素营养摄入的同时，也不能忽视微量元素的摄入，它们也是使人体机能保持正常运转的关键营养素。

（五）体育运动因素

"生命在于运动"，科学、合理、有规律地参加体育运动是保持身体健康状态的最佳方式。在今天，参加体育运动不仅是保持健康的重要方法，同时也是一种时尚文化。它集休闲娱乐、强身健体于一身，大大有利于人们的身心健康。现代社会中人们的生产方式更倾向于脑力劳动，这会让人们久坐在电脑桌前工作，无形之中就使人的身体长期处于相对静止的状态，这显然对维持身体各项机能的状态不利。当人们意识到"久坐"对自身健康的破坏后，便开始尝试增加运动时间来改善健康问题，甚至有些人每天都会安排一定的时间运动，成为生活中不能缺少的组成部分。

（六）生活行为和方式因素

现代科技的发展给人们不论是在生活中、学习中还是工作中都带来了很大的便利，但究其来看，这种便利中有很大成分是让人的身体活动更少，让人变得越来越"懒"，以致导致很多健康问题。例如，计算机作为现代生产活动的主要工具，人们在每天的工作中都要长时间面对它，这让人的运动严重不足，脂肪堆积严重；电视遥控的发明也是为了不用让人每次在换台或增减音量时起身来到电视机前操作。

不仅如此，越来越丰富的物质让人们染上了吸烟、酗酒、熬夜刷剧、打游戏等不良嗜好，这些都是严重影响健康的主要因素。

四、亚健康的内涵

（一）亚健康的概念

时代的进步与医学的发展让人们的健康观念逐渐更新,使得人们更加懂得什么是健康以及怎样获得健康。在过往很长时间,人们对于健康的认定只有健康和疾病两种,然而随着近年来的医学研究,提出了居于健康和疾病之间的一种状态,即"亚健康状态"。亚健康,是指由机体各系统的生理能力和代谢过程功能低下所导致的机体虽无明确的疾病,却呈现生活能力降低,适应力呈不同程度减退的一种生理状态。由此也就以一个"亚"字来描述这种身体状态。

在今天,亚健康状态的理念已经普遍使用,人们身体上、心理上的种种不适,或是在很长时间内无法以医学来确诊的疾病等都算作是形成亚健康状态的原因。在多种医学类学科的临床研究中发现,当今社会中大多数人群的身体状况都处于亚健康状态之中。进一步研究显示,如今人们所处的高压力、快节奏的社会环境是导致人们处于亚健康状态中的主要原因。亚健康,也成为降低人们生活质量的重要威胁。

实际上,亚健康作为一种居于健康和疾病的中间状态,它并不是一种稳定存在的状态。一些因素的存在会导致亚健康状态偏向健康状态或是疾病状态,就此,人的健康状况也会发生改变。

综上所述,亚健康状态是一种并不完全健康的状态,人们应该重视它,并寻求改变影响健康的因素。健康,是人高质量生活的基础,因此必须关注亚健康,认识到造成亚健康的关键原因就是社会因素,要抑制社会中不利因素的干扰,并从主观上积极参与体育锻炼以及保持良好的心情。

（二）亚健康状态的形成

有大量研究显示,人体亚健康状态的形成是由多种因素影响的,总的来说可以将其分为生活方式因素、心理因素以及环境污染因素。

1. 生活方式因素的影响

现代社会赋予人们的物质生活总是非常丰富的,但在这种情况下,人们对物质的抵御能力显然是不足的,在丰富物质的诱使下,暴饮暴食、长期熬夜、纵欲过度、久坐不动等行为都会给身体健康带来不良影响，久而久之使身体的健康水平滑落至亚健康的状态，甚至是疾病状态。

2. 心理因素的影响

现如今人们经常会感觉生活节奏较快，这点对于生活在大城市的中青年人来说会更加明显。这种快节奏、高压力的生活给人们带来了非常大的精神压力。在这种高压的状态下，人们的心理健康状况每况愈下，患上心理疾病就是非常普遍的事情了，甚至一些严重的心理疾病会给正常生活带来困扰。有数据表明，我国有近半数的人患有明显的或潜在的心理疾病，但遗憾的是由于我国民众对心理疾病的认识不足，使得那些患有心理疾病的人并不认为自己心理有问题而拒绝接受治疗。长时间在高压环境中生活的人，其不良的心理状态也会给自身的身体健康带来不良影响，如过频繁的紧张心理会直接损害心血管系统和胃肠系统，加速血管硬化和心血管疾病发生，造成应激性溃疡和血压升高，还会破坏人体的生物系统，降低睡眠质量和免疫力。由此可见，人们的心理因素已成为影响身心健康的主要要素。

心理疾病已成为影响现代人健康的"隐形杀手"，也是导致人体健康处于"亚健康状态"的重要原因之一。如此看来，要想脱离自身所处的"亚健康状态"回到健康状态，就一定不能忽视心理对健康的影响的这一因素。

3. 环境污染因素的影响

环境污染的原因总是与工业发展有紧密关联。中华人民共和国成立后，我国致力于转变产业结构，大力发展工业，这点在 21 世纪的今天仍旧在践行着。然而，工业的发展也给生态环境带来了一系列的问题，其中最典型的就是工业排放给自然环境造成的破坏。以可持续发展的视角来看，工业污染给社会和人的生存都带来了巨大的危害，其中很多对水源、土壤和大气污染等环境的污染是不可逆的，即便是自然有"代谢"功能，在短期内也不能对有害物质进行完全降解。而在城市中，还有噪音、微波、电磁波、光等城市污染。人们长期生活在这种环境下，不论是对其身还是心的健康都会构成威胁，从而致使人们处于"亚健康状态"之中。

第二节　全民健身的概念与内涵

一、全民健身的概念

我国于 1995 年由国务院出台了《全民健身计划纲要》。同年,《中华人民共和国体育法》正式颁布。这是我国在体育领域中非常重要和基础的两大纲领性文件,随之还出台了一系列与体育领域发展相关的法规和规章细则。经统计,在我国能够称为体育人口的人数占可统计的 7—70 岁总人口的 33.9%,在城市中有 60.7% 的民众会选择到各类体育俱乐部参加健身活动。总的来说,全民健身是一项面向全体国民、全面提高人的体质水平的健身活动形式。其旨在全面提高国民体质和健康水平。青少年健康和儿童健康是全民健身的工作重点。全民健身倡导所有民众力争每周参加至少三次的体育健身活动,每次活动不少于 30 分钟,学会至少两种健身方法,每年进行一次体质测定。

截至 2003 年,国家体育总局为全民健身运动的投入就已达 10 亿元人民币。不仅如此,国家还于 2001 年开始从体育彩票公益金中划拨一定数量的资金专门用于开展全民健身运动,该典型项目为我国众多城市建设了"中国体育彩票全民健身活动中心",这些活动中心在全民健身运动的开展中发挥出了重要功用,是大众参与运动的主要场所。国家在开展全民健身运动时没有忽视广大西部地区,在活动开展初期就将 1.96 亿元人民币的资金投入到了西部地区。这笔资金的投入为 101 个西部地区县市打造了一批公共体育设施,奠定了当地全民健身运动的开展的基础。

2008 年,我国将每年的 8 月 8 日定为"全民健身日"。在这一年,各种官方或民间组织的体育活动络绎不绝,人们都期待在这一天展现良好的健身风貌和全民健身成果。设定"全民健身日"及其一系列主题活动的最大意义在于继续巩固和发展全民健身运动,并且还让经历了 2008 年中国体育辉煌之年的人们能够继续秉承奥运会的精神和对体育的热度,更加期待体育回归其社会属性,为广大人民服务。由此使得在"后奥运时代"的背景下,全民健身还能继续被人们所认可和参与。

二、全民健身的特征

（一）健身性

全民健身运动面向的是全体大众，目的是为增强体质、陶冶情操、寓教于乐、修身养性。为此，全民健身运动中开展的项目要与竞技体育运动的目标相脱离，运动项目要更多体现其所具有的健身性、教育性和娱乐性特征。这样一来，人们通过参与全民健身活动就可以实现改善心肺功能、促进新陈代谢水平、全面增强体质的目的。不仅如此，在心理健康层面，还能消除焦虑、镇恐压惊、缓和紧张情绪等不良心理，让人们从运动中获得身心两方面的良好体验。

（二）自主性

大众参加全民健身运动的时间主要是自身的余暇时间，并且是凭借自身对体育运动的兴趣自愿选择项目的。对于参与其中的人来说，参与行为不是强制的，运动也带有一定的自主选择性，因此参与全民健身运动没有固定的时间、固定的地点。这就是全民健身活动的自主性特征。

（三）娱乐性

全民健身中的运动项目可能来自竞技体育项目之中，同时也包含众多休闲体育项目。这些项目中都含有大量休闲、娱乐的色彩，参与其中的人基本都能感受到运动带给人的快乐体验，而这也是人们喜爱甚至痴迷参加体育健身活动的原因之一。正是基于全民健身活动的这一特征，使得人们在参与活动之中除了能获得由比赛的紧张感和刺激感外，还能直接从运动中获得轻松愉快的感觉。像保龄球、台球、高尔夫这些运动本身就是在相对欢乐的氛围中进行的，参与其中的人也定能受到运动氛围的感染，从而获得更多的快乐。

（四）简单实用性

全民健身是一种大众性体育运动，既然是面向大众的，就自然要体现出简单实用的特征。实际上，简单实用性就是要求活动组织的可操作性较强。具体来说，全民健身运动的简单实用性主要体现在其组织简单、场地易寻、器材便宜等,此外活动的组织还应较少受到外界因素的影响。目前,全民健身活动中的项目如健美操、有氧跑、气功、武术等都具有非常理想的简单实用性特点。

第三节　全民健身发展的时代背景分析

一、促进全民健身运动发展的迫切性

(一)我国国民体质大幅度下降的问题

我国自改革开放之后,社会各领域的发展和建设速度不断加快,特别是在经济建设领域的成就非常卓越,这一成就在世界范围内都堪称是一个奇迹。经济建设的卓有成效直接给民众带来的就是人民生活质量的提升,随着物质生活水平的提高,民众精神文明水平也随之提升,高科技的发展及生活水平的提升也带来了一系列问题,人们的体质水平呈现出大幅度下降的趋势。

(二)我国人口老龄化问题

老龄化社会会带来各方面的社会问题。单从健康的角度来说,中老年人更加关注自身的健康问题。通过访问交流可知,我国有75%年龄在60岁以上的老人患有慢性疾病,再加上心理上中老年人普遍有的孤独感,更加会给他们带来诸多健康问题。为此,全民健身活动的开展会鼓励中老年人走出家门,活动身体,丰富生活,这是他们延缓衰老、增进人际交流、展示自己的绝佳平台。

(三)社会闲暇时间问题

我国曾经历过一周六天工作制和一周六天大小礼拜工作制等劳动时间制度。最近的一次劳动时间制度修改是在1995年,我国实行一周五天工作制。进一步缩短的工作时间,再加上20世纪90年代末确定的更多法定节日,更增添了我国民众的休假时间,甚至形成了假期较为集中的"假日黄金周",进而形成了"假日经济"的概念。对于全民健身来说,增加的闲暇时间确保了人们有时间加入全民健身的活动之中,这是

人们参与全民健身活动的重要保障。

人们闲暇时间的增多自然带来更多的闲暇人口。闲暇人口就是那些除正常工作、学习年龄以外的人口。社会中最常见的拥有大量闲暇时间的人口主要有以下几类。

（1）各类退休人员。2010年，我国有各类退休人员1.6亿人，预计到2040年这一数字会达到3.5亿人。

（2）各类离职员工。

（3）非正常社会闲暇人口，如城乡中的"食息"闲暇人口。

二、国家对全民健身的重视

全民健身活动在我国已经上升到一个国家战略的地位了。国务院发布的《关于加快发展体育产业促进体育消费的若干意见》（以下简称《意见》）提出，"营造重视体育、支持体育、参与体育的社会氛围，将全民健身上升为国家战略。"该《意见》中具体提出了，到2025年，我国人均可使用的体育场地面积要达到2平方米；体育公共服务面向全体公民；提升大众的体育健身消费意识和支出；力争实现有5亿人的体育人口数量。此外，《意见》还对作为重要物质保障的体育设施和场馆完善与建设方面做出了明确规定，具体各级政府要根据各地区的发展情况合理布局和规划体育场馆与设施的建设，将建设的重点放在中小型体育场馆、多功能场地、社区健身路径之上；充分利用现有的如旧厂房、仓库等空间资源，将其开发为体育活动之用；打造城市社区的15分钟健身圈；新建社区中必须建设有体育锻炼设施；推进农村体育健身工作，实现乡、镇、村公共体育健身设施全面覆盖。

《意见》对休闲体育健身项目的发展提出了要求，具体为大力支持健身走、健身跑、射箭、登山、水上运动等时尚性和健身性兼具的休闲体育项目；鼓励地方根据自身情况和区域特色选择适合的体育产业，特别是鼓励民族地区借助民族文化优势推广民族传统体育健身项目。

《意见》中还对政府机关、企事业单位、学校等机构提出要求，要求它们做好表率作用，积极组织健身活动，实行灵活的早间、课间、工间健身等制度。其中特别对学校为学生开展的体育活动做出了要求，即要求学校要保证学生每天都有健身锻炼的时间，每天活动时间不少于1小时；学校中的体育场馆和设施资源应尽量向公众免费或收取少量费用开放,为了便于监管,学校应将开放情况定期向社会公开。

三、全民健身运动面对的形势

（1）本《纲要》采取整体规划、逐步实施的方式进行落实。

（2）中华人民共和国成立70多年来,我国体育事业取得了令人瞩目的成就。其中,群众性体育活动不断增加,形式越发多样,内容越发推陈出新,吸引参加的大众人数越发增多,群众体育健身的物质条件逐步得到提高,人民体质与健康状况有了很大改善。

（3）发展全民健身事业要紧紧围绕实现社会主义现代化建设的战略目标而来。

（4）不断深化体育改革。我国在21世纪要建立起一个适应社会主义市场经济体制的全民健身管理体制,并且要形成一个大众广泛参与、充满发展活力的运行机制。

（5）机关和企事业单位要根据各自的实际情况,举办条件范围允许内的、形式多样、健康文明的职工体育活动。

（6）积极发展社区体育。街道办事处要发挥宣传和组织作用,推广全民健身运动在各社区的开展。

（7）重视农村大众体育活动的开展。加大广大农村地区群众体育的开展力度,重视培养农村的健康意识和体育健身意识。为此,要充分发挥乡政府和村委员会以及各农民体育协会的作用。

（8）积极发展少数民族地区的群众体育。注重建立健全各级少数民族体育协会,培养少数民族体育人才。注重在少数民族地区开展多样性的群众体育活动,在内容上特别要突出民族特点,以少数民族传统体育项目为主。

（9）全民健身计划面向的是所有社会群体,并且以儿童和青少年为发展的重点。

（10）关注中老年人和妇女体质健康问题,鼓励他们多多参加健身活动。对妇女要重点做好女职工体育活动组织工作,对中老年人体育活动要加强科学指导。

（11）积极开展残疾人群众体育活动,促进残疾人健康体质的获得和保持,并为他们能平等参加社会活动创造条件。

（12）将全民健身计划纳入国民经济和社会发展的总体规划,以提升人民大众的体质为重点,加强领导,统筹规划,使群众体育与竞技体育协调发展。

（13）注重对全民健身的法制建设,让全民健身中的各项工作的落实有章可循、有法可依。认真遵循现有体育法规,开展全民健身的社会体育督导、群众体育工作、体育社团、场地设施管理等工作。

（14）体育部门的资金支出要逐渐加大对群众体育活动的投入比重。培养个人体育消费意识,关注对自身健康的投资。为此,有关部门要注意引导群众的体育消费行为,并为他们的体育消费拓宽领域。

（15）建立社会体育骨干队伍,充实社会体育指导员队伍,对相关人员制定一套完备的资格认定制度和资格等级制度。

（16）选择或改编一些易于推广和普及的健身项目或方法,以期适合各年龄段、各社会阶层、各职业类型群体的健身需求。

（17）积极向社会开放体育场地和设施,提高体育场地使用率,并尽力为老年人、儿童和残疾人提供参加体育活动的便利条件。

四、全民健身运动发展状况及存在的问题

（一）我国体育社会化程度还很低

现如今,随着《全民健身计划纲要》和相应的《全民健身计划》的出台与落实,大众的体育健身和终身体育的意识逐渐增加,人们在健身领域的消费也有逐年增长的势头。一时间,在各种体育运动场所或空旷的户外空间都不难看到成群结队的人开展健身活动。但从客观实际上来看,相比于大众体育发达的国家,我国大众不论是在体育价值观的形成还是健身运动的水平还是有不小差距的。之所以说目前我国还尚未形成体育的全面社会化,主要在于我国大众更多还是将运动健身看作是一种强身健体的方式,较少将健身行为与精神领域的内涵相结合。出现这种情况的原因与总体偏低的教育水平有关,此外还与社会发展水平以及社会生产力不足有关。进一步挖掘这一问题的原因还有由于我国群众体育的发展起步较晚,连带使得休闲、健身活动项目的策划水平较低,健身项目宣传的新意乏善可陈,如此大大减少了健身活动对大众的吸引力。上述种种这些原因都是导致目前我国体育社会化程度偏低的原因。

（二）体育市场发展水平较低

与世界上那些体育市场发展较为完备的国家相比,我国的体育市场建立较晚,即便来到 2020 年,也无非只是经历了 20 余年的发展。要知道,体育市场中包含的个体部分和内容非常多,这些部分的运转如何取决于体育市场内外要素的成熟程度。那么,对于发展起步较晚的我国体育市场,目前表现出的种种视野窄、水平低的问题就是非常自然的事情了。

决定体育市场是否可以正常且顺利运转的关键要素是大众体育的需求。从这个角度上看,我国家庭可支配收入还不算很多,至少没有多到随意可用于体育消费之上,这是家庭各种体育消费占比较低的主要原因。在这个原因尚未解决之前,体育需求是否会成为左右体育市场发展的原因还为时尚早。

从供给侧的角度来讲,体育经济实体和经营组织目前还不具备独立"生存"的能力,在一定程度上,甚至很大程度上还需要政策支持,并且也不能立刻对市场信号做出反应。此外,对于体育市场发展的制约因素还有体育经纪组织和体育相关法制的不健全。种种问题是难以在短时间内得到解决的,这也就决定了我国的体育市场发展要经历一个较长的时期。

（三）青少年健身观念缺失,中老年人健身活动引导不足

有统计数据表明,当前我国各级各类学校的所有年级学生对参加体育健身活动的热情不足,这点在他们实际参加体育活动的行为上就能看出,而且青少年学生热衷参加体育运动的比例还在逐渐下滑。在所有级别的学校中,初中阶段的学生的活动能力应该是最强的,但调查显示,初中学生从初一到初三热衷参加体育活动的学生占比依次为 67%、58%、39%,调查中揭示了有 8% 的学生表示几乎不参加任何形式的体育锻炼。就学生的身体素质来讲,高中阶段的学生较之初中可谓是更为理想的,但在实际的参与运动锻炼的调查中,其学生参与体育活动的占比甚至不如初中,具体统计数值为高一到高三分别为 65%、52% 和 23%,有 8% 的学生表示几乎不参加任何形式的体育锻炼。大学阶段学生参与运动的情况有所好转,大一、大二有 67% 的学生经常参加体育锻炼,大三、大四有 45% 的学生经常参加体育锻炼。调查还研究了学生运

动的动机,结果显示大部分学生的运动动机在于应对体育考试,另外的学生参与运动的动机为兴趣。

在全民健身实践中,中老年人是活动的主力军。随着中老年人健康意识的提升和提升生活质量的需要,使得他们认为参与全民健身活动是一种现实需要,同时也是一件紧随时尚的行为,并且他们也认为运动是展现自我体质水平和运动技能的良好平台。不过,鉴于全民健身尚处在发展的初期,活动中仍旧展现出许多缺乏科学指导和科学运动方法的问题,这在中老年群体的健身活动中非常常见。由此使得中老年群体尽管非常热衷参加健身活动,但能从活动中得到较高的效益仍非易事,甚至在缺乏科学指导下进行的运动可能是错误的锻炼方法,长此坚持反倒还会增加患运动损伤或运动疾病的风险。这导致的直接后果就是让中老年人怀疑运动健身的有效性,降低他们的运动期待。

（四）体育资源匮乏仍是制约全民健身的主要因素

直到今天,我国的体育资源也相对较为匮乏。具体表现为现有体育资源不能满足全民健身的需求,这就使得许多群众性体育活动并没有在正规的体育活动场所进行,更多活动只是在空间相对空旷的如广场、空地、公园等室外公共区域进行。据调查,我国拥有体育场馆或设施等资源较多的是机关、学校、事业单位所拥有的。为了弥补体育资源匮乏对全民健身发展的阻碍,我国在近20年来加大了对公共体育场所的建设力度,尽管工作成效显著,但距离满足全民健身活动所需还有一段距离。有数据显示,这些建设的体育场地中有67.17%为学校体育用途,另外的场地主要分属各个企事业单位。体育场地的使用率很低,这对于本就体育资源匮乏的群众体育来说更是一种资源浪费。

第四节　我国国民体质与健康监测现状

一、我国国民体质监测概述

我国分别在2000年和2005年开展了年龄跨度最广（3—69岁）的两次全国国民体质监测工作。下面就具体阐析这两次较有科学性的国民全面体质监测的情况。

（一）监测对象

国民体质监测工作将检测对象（国民）分为了四个群体。

（1）学龄前儿童组（3—6岁）。

（2）儿童青少年组（7—18岁）。

（3）成年组（男19—59岁，女19—54岁）。

（4）老年组（男60岁以上、女55岁以上）。

（二）监测步骤

（1）确定监测计划。确定监测计划的关键在于科学确定监测点、样本量和抽样方法，以及确定测试指标、测试细则、测试计划和测试进度，还包括数据收集、验收、整理、保存和综合评价等的方法确定。

（2）预备试验。对首次开展监测工作来说是非常重要的环节，其作用为对初始指标的科学性和有效性进行鉴定，然后根据鉴定结果对测试方案予以修改。

（3）确定测试指标与方案。

（4）选择样本后开始测试。

（5）对数据进行接收、整理和输入。

（6）处理所得数据。

（7）针对每个单项制定评价表。

（8）权重的确定。以定量和定性两种形式作为确定权重的主要方法。

（9）综合评价方法的确定。以离差法和百分位数法作为综合评价的主要方法。

（10）得出测试结果及撰写测试报告。

（11）追踪监测方案的形成，形成制度性监测体系。

（三）综合评价标准制定的步骤

（1）对于指标的筛选常用的有专家调查法和数理统计法，然后确定指标权重系数。

（2）抽取大样本和样本原始数据。

（3）制定单项指标评分表，按相应权重加权。

（4）测得的个体指标先对照单项评分表进行评分，然后再将多项指标相加得出总分。

（5）正态检验样本总分的分布，再计算总分的平均数或标准差。

（6）用离差法或百分位数法制定总分的综合评价标准。

二、学生体质健康监测的主要结果

（一）形态发育水平继续提高

针对学生群体开展的体质健康监测工作中对其身体形态发育水平进行了测量。具体的身体形态指标主要包括身高、体重、胸围等。测试结果显示，第二次体质监测中的学生该类数值明显高于第一次监测得出的数值结果。在此后多年的针对学生开展的体质监测活动中，所得出的数值都相较上一次有更多的提高，这表明我国学生的身体形态生长水平处在"生长长期趋势"中的快速增长阶段。这种趋势的出现与我国改革开放之后社会经济发展速度较快带来的人民物质生活水平逐渐提升有莫大关系。但期间也体现出了一些问题，最明显的就是城市与乡村两地学生的体质差异明显，乡村学生的身体形态发育水平总体落后于城市学生，且这一趋势还有不断加大的倾向。这样的差异显然是不利于我国学生体质的整体向上发展的。还有一些问题如，就性别来看，男生的体重增长幅度与身高增长相比较大，简单说就是在男学生中出现了更多肥胖现象，由此自然会引发更多的社会问题和医学问题，值得人们注意。

（二）身体机能持续下降

这里对于学生身体机能的下降主要的参考指标为肺活量、肺活量/体重的指数以及肥胖学生的占比数量。

（1）肺活量的下降。监测数据显示，我国学生的肺活量水平持续下滑。其中，7—18岁学生中有75%的学生的肺活量下降，与上一次监测相比具体肺活量数值下降达20～90毫升；19—22岁的大学生的肺活量下降趋势也基本相同。城乡学生的肺活量指数相比，7—18岁城男、城女、乡男、乡女的肺活量水平分别平均下降285毫升、303毫升、237毫升、259毫升，19—22岁城男、城女、乡男、乡女肺活量水平分别平均下降160毫升、238毫升、161毫升、225毫升。

（2）肺活量/体重指数持续下降。

（3）肥胖学生增多。监测数据表明我国学生出现肥胖的比例持续增加。7—18岁学生的肥胖检出率为，城市男生由5.9%上升为10.1%，城市女生由3.0%上升为4.9%；乡村男生由1.6%上升为3.7%，乡村女生由1.2%上升为2.4%。监测显示出现肥胖概率最高的年龄段为7—12岁。人们物质生活水平的提升、学生营养摄入过多、运动过少等因素都是导致肥胖率不断提升的原因，且通过数据可以看出肥胖越发开始向低龄化发展。后来在2015年的调研中，显示7—22岁的学生中超重与肥胖比例继续增加，成为影响学生营养健康状况的另一大因素。

（三）身体素质持续下降

对身体素质情况的测评是学生体质测评诸多内容中的重点内容。对学生身体素质的监测主要测量的是他们身体力量、速度、耐力、柔韧和灵敏等素质水平。通过两次的测量对比可知，我国学生在各项身体素质上的测量结果都低于前一次的测量结果。其中，除了50米跑的成绩下降幅度最小外，其余素质测量的结果显示的下降幅度都相对较大。从这点就可以看出我国学生的身体素质水平有了明显的下滑，且这一趋势还在继续。

（四）学生营养状况的改变较为明显

两次监测的数据结果表明，我国学生的营养状况得到了明显改善。具体为，7—22岁学生低体重及营养不良检出率持续降低，这在我国过往几十年对学生开展的体质监测工作中并不常见。其中，7—18岁中小学生的低体重及营养不良检出率下降了1.1%～7.6%，19—22岁的大学生则下降了10.5%～31%，下降幅度可谓非常显著，且这一趋势依旧在保持。截至2020年，几乎没有再出现重度营养不良的学生的情况。当然，对于学生来说，对于营养的摄入也要在科学指导下进行，尽量做到膳食平衡，避免营养摄入过多导致的肥胖等身体健康问题。

（五）几种常见疾病的患病率有所下降

学生成长时期会遇到几种常见病，如龋齿、肥胖、贫血等。对这几项内容的情况在几次监测后显示，学生患常见疾病的概率呈现出逐步下降的趋势。城市学生的口腔疾病患病率的下降趋势较乡村学生更为显著。

（六）学生近视眼患病率仍居高不下

两次监测数据显示,我国学生的近视率大幅上升,且这一趋势还有不断延续的势头。其中,小学生近视率为20.23%,初中生近视率为48.18%,高中生近视率为71.29%,大学生近视率为73.01%。其中,高中阶段学生的近视率较之过去有明显的增加。之所以出现这种情况,主要在于高中阶段的学生为了应对高考而需要刻苦学习,这使得用眼概率大增,再加上一些学生不注意用眼卫生和不良用眼习惯,更增加了高中阶段学生的近视率。城市与乡村学生在近视率方面的比较结果为城市学生近视率高于农村学生。

（七）大学生身体素质的"20岁现象"

对学生开展的体质监测工作的结果揭示了一个大学生身体素质的变化规律,这个规律被称为"20岁现象",具体表现为大学生的身体形态是在符合生长规律的情况下获得发育的,但本应与之共同发育的身体素质却明显滞后于正常发育规律。这种大学生身体素质的逆规律发育态势在当今大学生群体中已经非常普遍。

导致出现"20岁现象"的原因是多样的,如大学生将主要精力都投入到了学业之中,或是迷恋电子游戏以及其他不健康的生活方式。这些行为都会抑制他们正常身体素质的成长,长此以往对自身的健康总体水平的增长非常不利。之所以会出现这种情况,与当前体育教育的理念尚未深入到大学生的思维中有很大关系,这让他们不能产生更强烈的保护自身健康状态的动机,也不能强化他们的自控能力。

三、成年人体质健康监测的主要结果

（一）主要体质指标情况

成年人是除了婴幼儿、儿童和少年以外的群体。成年人还有青年、中青年、中年、中老年和老年等群体。为了方便研究,这里将成年人分为成年人和老年人两个类型。

最近的一次体质指标监测的各项均值与2000年的检测数据比对,可以展现出成年人和老年人的体质健康状况如下。

1. 成年人

（1）身体形态：监测数据显示我国男性的平均身高有所增长,体重、胸围、腰围的数据增长较为明显,臀围这项与过去数据几乎一致。女性的身高、体重、腰围、臀围等数据没有明显变化,胸围这项略有降低。

（2）身体机能：身体机能主要通过肺活量指标来体现。通过对比,我国男性肺活量没有太多变化,而女性则有明显降幅出现。

（3）身体素质：测量身体素质的方式为纵跳、俯卧撑/1分钟仰卧起坐、握力、背力、坐位体前屈、单脚站、选择反应时等。数据显示我国男女身体素质的总体水平有所提高。

2. 老年人

（1）身体形态：身高数据上我国男女无明显差异。体重、胸围（65—69岁女性无变化）、腰围等数据有一定增长,臀围数据有明显降低。

（2）身体机能：肺活量数据显示男女的身体机能有明显降低。

（3）身体素质：男性握力基本保持一致,女性握力有所降低;坐位体前屈和单脚站立的数据男女都有明显降低的情况;选择反应时上,男女都有所提高。

（二）国民体质变化特征

1. 国民体质总体水平略有提高

通过对国民体质水平进行的监测获得的数据显示,我国国民的体质总体水平相较于2000年略有提高。在单项数据表现上,20—39岁年龄段成年人在身体素质水平上有显著提升;身体形态上的总体水平有所下降,其中20—39岁的成年人在这一指标上的降幅最大;60—69岁的老年人在身体机能水平上的下降幅度最大。

在各项体质指标的变化上,不同年龄段的人群表现出了不同的态势。20—39岁的成年人体质总体水平呈现出提高的态势,但在身体形态和机能水平这两项上是有些许下降的;40—59岁的成年人的总体体质水平有所下降,主要的下降出现在身体形态和机能水平这两项上;老年人的总体体质水平有所下降,同样也是体现在身体形态和身体机能两项上。

2. 成年男性肥胖率较高并呈增长趋势

在使用了 BMI 筛查法下,得出我国成年男性的肥胖率为 9.3%,这一数据相较于 2000 年增长了 1.7 个百分点。我国男性肥胖出现的趋势大多在 20—44 岁期间,肥胖的严重程度随年龄的增加而增大,40—44 岁的男性的肥胖率最高,达 11.7%。在城乡男性的比较上,农民同年龄段的肥胖率为 7.7%,尽管比城市男性的比重低,但与过往监测的数值相比也高了近 1.8 个百分点。此外,成年男性有 33.2% 的人超重,相比过去的监测数据有了 1 ~ 3 个百分点的增长,体重超重这一问题与肥胖率的增长趋势是一致的。

3. 20—69 岁年龄段城乡人群体质水平差距明显

通过对国民体质水平进行的监测获得的数据显示,我国 20—69 岁的城镇居民的体质水平总体高于乡村居民,这一水平趋势会随着双方年龄的增大而进一步拉大。具体来看,20—39 岁的城镇居民的体质综合指数为 103.00,乡村居民为 102.11;40—59 岁的城镇居民指数为 100.24,乡村居民为 98.27;60—69 岁城镇居民指数为 101.48,乡村居民为 97.88。

4. 国民体质水平呈"东高西低"状态

全国有 5 个省市的国民体质综合指数高于 103.00,分别为北京、上海、山东、江苏和广西;有江西等 15 个省的指数在 100.00 ~ 103.00 之间;有宁夏等 7 个省的指数在 97.00 ~ 100.00 之间;指数小于 97.00 的省(区)有新疆、贵州、青海、西藏四个。通过这一指数的分布可以明显看出我国的国民体质水平呈现出地理区域上的"东高西低"状态。

第二章

划时代的全民健身号角——《全民健身计划纲要》

在 21 世纪的今天,我国正致力于由体育大国向体育强国转变。在这一大背景下,《全民健身计划纲要》的出台无疑对我国群众性体育活动的发展起到了划时代的作用。为此,本章就重点对《全民健身计划纲要》进行基本解读。

第一节 《全民健身计划纲要》产生的背景及意义

一、《全民健身计划纲要》产生的背景

《全民健身计划纲要》(以下简称《纲要》)的产生与 20 世纪 90 年代时我国社会各领域的发展现状有着不可分割的联系,它是社会发展到一定时期后的必然产物,同时也是我国改革开放政策后出现的一项必然的社会活动,它反映出了众多时代特征,更是我国体育事业发展的客观使然。

(一)体育改革及发展的客观必然性

毛泽东同志曾提出过"发展体育运动,增强人民体质"的倡议。不仅如此,党和政府为了提升我国体育事业和卫生事业的发展水平,采取

了一系列卓有成效的措施和方法，最终使我国体育事业的发展获得了不少成就，特别是人民体质逐渐提升更是标志了我国体育政策的发展走在了正确的方向上。而在竞技体育领域，我国自 20 世纪 80 年代以来，众多优秀体育健儿在一些国际性比赛中取得了不少优异的成绩，这些都让我国成为世界体坛中一颗冉冉升起的新星。尽管我们取得了一些成绩，但同时也应该有一个较为清醒的认识，即我国人民的体质与健康状况同发达国家相比，差距还是很大的。为此，促进群众性体育运动的开展就成为当时乃至日后很长一段时间内我国体育工作的重点。当时的国家体委面对这种情况，提出了"以青少年为重点、以全民健身为基本内容的群众体育与以奥运会为最高层次、以训练竞赛为主要手段的竞技体育协调发展"的战略思想，并确立了在群众体育工作上要狠抓全民健身活动的开展，这是利国利民的一项大事。1993 年 4 月，在全国体委主任会议的《国家体委关于深化体育改革的意见》和《群众体育改革方案》中，正式提出要制定和推行全民健身计划，这也是我国一直所谋求的体育改革中的重要一步。体育事业的发展已经向人们明确揭示了全民健身活动对一个国家的整体体育素养和文化的重要地位，这也是一个国家竞技体育水平能否提高的关键基础。按照我国社会主义现代化建设三步走的战略，在达到"小康"之后，一个体质与健康水平全面提高的中华民族，将对中等发达社会主义国家的建设提供更加可靠的物质与精神支持，从中也表达出全国各族人民要求发展体育事业和增强人民体质的美好愿望。

（二）《纲要》产生的经济、文化等背景

"经济是整个人类社会赖以存在和发展的基础，物质资料的生产与消费是世界上最坚硬的真理"，所以说，一个国家经济的发展与进步的程度必然要从根本上及多个方面制约、影响并决定着这个国家其他事业的发展水平和发展程度，对体育事业的发展来说也是如此。我国自改革开放以来，一直将"发展是硬道理"作为主要的科学论断，获得的成果就是社会生产力得到了解放并不断增强。数据显示，我国从 1978—1995 年，经济基本保持在以 10% 的速度增长，国内生产总值在 1985—1995 年的十年间中从 7780 亿元增加到 57733 亿元，城镇居民人均可支配收入从 1978 年的 343 元增加到 1995 年的 3893 元，农村居民人均可支配收入从 1978 年的 134 元增加到 1995 年的 1577.74 元。从这些数据可以看出,我国经济的增长幅度可谓非常迅猛,实际上,这一势头在1995年之后仍旧在保持着。同经济实力一同提升的还有综合国力。等等这些宏观层面上的因素,都为《纲要》的出台打下了坚实的经济基础。

随着如今社会经济的快速发展以及众多科技运用在人们的生活和工作当中,便捷了人们的同时也给人们增加了更多的压力以及带来了快节奏的生活,不仅如此,物质相对丰富的生活还会让人们营养过剩,久而久之使人们患上了"文明病"。当然社会的发展也有一些更利于人们生活质量提升的地方,如生产力的提升就给绝大多数劳动者提供了较之过往更长的休闲时间,休闲时间的增加很大程度上改变了人们的休闲方式,这为人们参加包括全民健身在内的各种社会活动提供了必要条件。

二、《纲要》的意义

(一)为建立和谐、健康的社会奠定基础

就今天我国的体育事业发展的现状来看,我们确实可以称得上是一个"体育大国",但还不算是一个绝对的"体育强国"。这里所谓的"体育强国"并不单单指竞技体育领域中我国运动员争夺的优异成绩,而是指全体大众都能受益,全民通过体育使个体得到普遍发展。因此,只有当前来看尚有发展短板的群众体育的发展态势获得扭转,我们才能真正开始朝着"体育强国"的目标迈出坚实的一步。

我国现如今仍然将经济建设作为社会建设的核心工作来看待,但与此同时还提出了促进社会和谐发展和构建健康、文明的现代生活方式,这些都会有力推进我国大众体育的发展。同时,全民健身活动以一种文明、健康、科学的生活方式融入人们的日常生活之中,这些都将为和谐社会的构建提供相应的社会环境与经济支持。

(二)是公民享受体育基本权利的体现

国务院在1995年6月颁布的《全民健身计划纲要》是由国家领导、社会支持、全民参与、有目标、有任务、有措施、有步骤的民族体质建设的庞大系统工程,也是与实现社会主义现代化目标相配套的社会体育发展战略规划。《纲要》是我国对我国体育事业总体发展的一项长期规划,它属于我国政府正式颁布的法规性文件,任何组织和个人都要遵守,这可以说是我国社会进步在体育方面的具体体现。《纲要》对许多具体细

微的内容都在法律层面上做出了相关规定,从而切实保证了公民享有的体育锻炼的权利。

（三）是我国体育事业发展的里程碑

自中华人民共和国成立以来,我国体育事业的发展开始走上正轨,而在改革开放之后,我国体育更是迅速发展起来,在竞技体育领域中取得了不俗的成绩,这使我国跻身世界体育大国之列。就一个国家的体育发展来说,仅仅在竞技体育中有所建树还不能被认可为全面体育的进步,群众性体育的发展也是一个国家体育水平进步的衡量标准。《纲要》的提出对我国体育事业的发展是具有里程碑意义的大事。

第二节 《全民健身计划纲要》的内容

一、《纲要》的精神

（一）把"为人民服务"作为开展全民健身工作的出发点和归宿

为人民服务与为社会主义现代化建设服务是由中国共产党的基本性质和社会主义的国家的性质所决定的。就群众性体育工作的开展来说,也应融入这一理念,将体育事业引导到为人民服务的道路上来。《纲要》既强调将全民健身事业纳入经济建设和社会发展的总体规划当中,又强调了要全面提高中华民族的体质和健康水平,改善群众体育活动的环境及条件,将全民健身工作和人民群众的利益相联系,由此就充分表现出了"为人民服务"是全民健身工作的出发点和归宿。

（二）把增强人民体质和吸引群众加入体育健身行列中作为全民健身工作的主题和核心

群众体育的重要功能就是强健身心,这也是群众体育与其他文化活动形式的最大不同点。《纲要》中所表述的"目标和任务""对象和重点""对策和措施"等内容都与动员和组织群众参加体育锻炼紧密相关,并不断强调增强人民体质这一主题。《纲要》在规划、宣传、组织、体质监测、指导者队伍、场地设施等方面提出的要求和采取的措施,都是以更好地开展群众体育活动为根本要求的。每个参加群众体育活动的人都是特殊的个体，为此，只有从人的一般特征和具体人的角度出发，才能让群众体育活动切实对每个参与其中的人都能产生积极的影响。

（三）把深入体育改革、探索新时期全民健身事业管理运行机制作为推动全民健身计划的主线

总的来看，《全民健身计划》是一项改革的产物，但同时它本身也勾勒出了继续深化改革的"蓝图"。可以说《纲要》是一项与实现社会主义现代化目标相配套的社会系统和面向新世纪的发展战略规划。它提出了改革这种体制和机制的方案与要求，换句话说，要想实现全民健身的进一步发展，就必须要对过往的体育制度进行改革。如果不如此，全民健身事业的发展仍旧步履维艰、重重受阻，那些全民健身本体中的根本性、深层次的矛盾和问题就无从解决，全民健身计划的目标就无法实现，全民健身计划的措施和对策就难以落实，更不要提建立起一个适应社会主义市场经济体制要求的全民健身事业的管理体制了。

从某种意义上说，推行全民健身计划就是一个深化改革的过程。通过改革建立一个国家领导、社会支持、全民参与，政府、社会、个人相结合，单位、社区与家庭共同发展，发挥政府宏观调控职能，调动各方面的积极性，利用计划、财政和市场等手段来配置群众的体育资源，而再加上法制在全民健身活动中给予的保障，等等这些都让群众体育事业发展进入了一个新格局。

（四）基本建成具有中国特色的全民健身体系是推动全民健身计划的突出特色

《全民健身计划纲要》的制定依据的是我国人口多、底子薄、人均资源特别是体育资源相对不足、经济与社会发展水平较低且不平衡的国情。此后，随着我国经济建设和社会发展的全面进步，对人民的素质提升也有了更高的要求，但全民健身事业的发展却相对迟缓，不能与社会发展的速度和需要相适应。然而面对这种社会发展的现状和国情，要想提升全民身心素质，这在过去是没有范例可以作为参考的。为此，只有立足国情，走出一条适合自身发展的全民健身之路才是当务之急。《纲要》确定的建设具有中国特色的全民健身体系的奋斗目标，正是在认真分析我国国情的情况下，且在总结我国体育事业发展与改革经验的基础

上提出的。《纲要》提出的对策和措施,同样是建设有中国特色的全民健身体系的基本要求与具体体现。《纲要》中涉及的健身活动涉及全国各地的人民,对不同地区的全民健身活动的开展必须要在深入了解和掌握地区实情的基础上进行,如此才能把具有中国特色的全民健身体系建设得当,才能真正为提高全民族身体素质提供保障。

二、《纲要》的特点

（一）通过政府行为来建设全民健身事业

《纲要》的颁布与实施是我国政府组织的,是一种政府行为。由政府以行政手段将开展群众体育活动、增强全民族身体素质和提高人民生活质量的工作直接纳入国家的经济建设和社会发展总体规划之中,将之作为政府为民办事中的一项重要使命。放眼世界这都是非常罕见的。通过政府行为来发展全民健身事业是《纲要》与其他国家对群众性体育事业发展政策的主要区别之一。而从这里面也能看到社会主义制度的优越性。

（二）以系统工程的方式建设全民健身事业

全民健身事业实际上是一项组织严格、体系结构完整的系统工程,它需要在全面规划、综合运行之下进行建设,这是《纲要》与其他国家对群众性体育事业发展政策的又一区别。从《纲要》中的内容可以看到,作为社会系统重要工程之一的全民健身计划不仅是我国经济建设和社会发展的有机组成部分,其自身也是由目标系统、对象系统、对策系统、实施系统等多个子系统组成。为此,要想搞好这一重要工程,就要立足于我国群众体育的现状,以搞工程的办法和思路来做工作,这样才有利于将全民健身计划真正落在实处。

（三）以整体性地方式建设全民健身事业

《纲要》体现出了我国全民健身事业的整体发展蓝图,它明确将一些涉及全民健身事业的各种因素都进行了整体规划。为此,我们应该深刻认识到全民健身计划的实施绝不是只搞几项有声势的活动或立几项相关法规,而是要从全民健身事业的硬件、软件等要素入手,从保障全民健身工作开展的队伍、资金、物质条件、科学研究等方面做工作。由此使社会各领域在全民健身活动的带动下都能有一个系统性的发展与提高。

（四）以社会化的途径建设全民健身事业

《纲要》强调了在开展全民健身工作中,要充分发挥有关部门、各群众组织和社会团体的积极性和创造性,特别是要吸引更多的社会力量参与其中。这就是所谓的以社会化途径建设全民健身事业。只有当全民健身事业社会化之后,政府才能更加自如地发挥其宏观调控的根本职能。政府在全民健身活动中所要做的理应是更多的宏观调控职能,如果只让政府建设全民健身事业,其力量绝对是有限的。只有将全民健身事业社会化,才能形成政府和社会共同建设全民健身事业的格局,《全民健身计划》中制定的那些目标才能更加顺利地实现。

（五）用整体规划、逐步推进的方式建设全民健身事业

《纲要》规划了未来几十年中全民健身事业的整体发展方向和不同阶段时应达到的全民健身成果。不过,在实施过程中需要立足当前情况,以滚动实施的方式,将几十年的工程分为若干期,每一期工程又分为几个阶段。如此不断地根据全民健身计划实施情况,提出任务,完成任务,让全民健身事业的发展呈一个有序的线性形态向前发展,最终实现《纲要》的奋斗目标。

三、《纲要》的目标、任务与实施对象

（一）《纲要》的目标与任务

全民健身运动的开展是一项与我国经济建设和社会发展总目标配套的中长期发展计划,其目标确定为"努力实现与国民经济和社会事业的协调发展,全面提高中华民族的体质与健康水平,基本建成具有中国特色的全民健身体系"。这一目标的确定就是要服从和服务于国家总体发展目标,普遍提高中华民族的体质与健康水平,为广大人民群众提供良好的体育健身服务环境和条件的社会服务系统,充分体现实现全民健身事业与国民经济和社会事业的协调发展。

《纲要》的总任务是:依据实现社会主义现代化建设第二步战略目标的相关要求,积极开展全民健身事业;依据建立社会主义市场经济体

制的要求去深化体育改革。

（二）《纲要》的实施对象

《纲要》指出："全民健身计划以全国人民为实施对象，以青少年和儿童为重点。青少年和儿童的健康成长关系到国家的富强和民族的昌盛，要发动全社会关心他们的体质和健康。各级各类学校要全面贯彻党的教育方针，努力做好学校体育工作。"在《纲要》中可以看到重点发展儿童和青少年的全民健身活动对国家和民族发展的意义及紧迫性，为此，就要求学校和家庭在诸多方面都要肩负起保护和扶持青少年、儿童健康成长的责任，特别是要向学生不断灌输健康与健身的理念与意识。

当然除了作为全民健身重点针对的对象外，还有其他实施对象，对于不同的实施对象，《纲要》有着不同的要求。

对于单位体育，《纲要》指出："机关和企事业单位要加强职工体育工作，因人、因时、因地制宜，开展形式多样、健康文明的体育活动。"在过往很长的一段时间里，单位体育就是社会体育的重要组成部分，同时也是很多企事业单位的单位文化。为此，要继续搞好单位体育就需要与时俱进，且要从实际出发，加强单位体育的发展力度，让单位体育在全民健身中发挥出更重要的作用。

对于社区体育，《纲要》提出"积极发展社区体育"。要求"街道办事处要加强对体育工作的组织，发挥居民委员会和基层体育组织的作用，做好社区体育工作"。社区体育是我国新时期群众性体育中新出现的形式，并且在未来可能成为主要的社会体育开展形式，这是我国社会经济发展的必然产物。其对满足体育需求、增进健康、丰富社区居民业余生活、建立社区感情有重要的作用。

对于农村体育，《纲要》指出"提高农民的体质与健康水平是农村发展的一项重要内容，充分发挥村民委员会和各级农民体育协会的作用，并与文化站协同配合，做好农村体育工作"。全民健身运动不能忽视农村地区，关注、支持和推动农村体育的开展，是实现真正意义上的全民健身，是实现我国体育根本目的的一项战略性任务。农村地区有着与城市地区不同的情况，这些情况体现在人文、地理、社会文化等环境中。为了搞好农村体育工作，就要充分利用好农村的各级组织和活动阵地，吸引广大农民群众参与到体育活动中来。

对于少数民族体育，《纲要》针对各民族的特征和具体情况，强调指出"积极发展少数民族体育,在民族地区广泛开展以少数民族传统体育项目为主的体育健身活动。建立健全各级少数民族体育协会,培养少数民族体育人才"。我国的少数民族在全国都有分布,而在我国西部地区更加多样。开展全民健身活动不能忽视少数民族群众的参与,这是提高少数民族群众身心素质和生活质量的重要形式。在针对少数民族群众这一对象开展的全民健身活动中,应尽量融入地区民族特色,让全民健身成为弘扬民族文化、促进民族团结、繁荣民族经济的重要活动。

《纲要》还针对妇女体育、老年人体育、残疾人体育和军人体育等的不同特点,提出了符合其规律的不同具体要求。

四、《纲要》的对策与措施

（一）纳入国民经济和社会发展规划,确保以普遍增强人民体质为工作重点

将全民健身计划纳入社会经济和发展的总体规划之中,从而进一步确定了将提升广大群众的身体素质作为今后体育工作的重点。《纲要》中提出的第一项对策和措施是:"把推行全民健身计划纳入国民经济和社会发展规划,坚持群众体育和竞技体育协调发展的方针,以普遍增强人民体质为重点,加强领导,统筹规划,切实抓出成效。"这一措施的重要意义在于其不仅强化了全民健身在社会经济发展中的地位,还强化了政府体育工作是以提升人民体质为重点,这些都为实现《纲要》的目标和任务提供了保障。在这一工作要求下,地方和一些行业也已将实施《全民健身计划》纳入到了本地、本行业的经济建设与社会发展的总体规划当中。

（二）加强宣传工作,转变群众观念

要想使广大人民群众参与到某项活动之中,首先需要改变的不是他们的行为,而是他们的观念。为此,树立起群众正确的体育观念对推动《全民健身计划》具有非常重要的意义。也正因如此,才使得在《纲要》中强调了"加强宣传工作,形成全民健身的舆论导向,增强全民体育健身意识,提高对全民健身工作的重视程度。使全社会认识到,身体素质是思想道德素质和科学文化素质的物质基础,全民健身工作是社会主义精神文明和物质文明建设的重要内容,体育发展水平是社会进步与文明

程度的一个重要的标志"。这是给广大群众在思想层面上建立起了一个正确认识全民健身意义的理念,让他们从主观意识中就认可全民健身活动对于国家、民族、家庭和个人的重要性。通过全方位、多角度地对这些内容进行宣传,逐步使全民健身理念和意义深入到社会中的每个人心里,从而促使他们理解和支持全民健身活动并身体力行地加入其中,如此才能使全民健身工作进入到新的局面之中。

(三)加强体育法制建设,完善体育竞赛制度

我国正处在从社会主义计划经济向社会主义市场经济的重要转型期。在市场经济条件下,全民健身事业的发展需要建立起一个系统的配套法制,以此作为全民健身事业发展的保障。《中华人民共和国体育法》的颁布标志着我国体育工作进入了依法行政、以法治体的新阶段,这也为我国的全民健身事业奠定了坚实的法律基础。但从实际中看,群众体育法制建设还不完善,尚不能解决全民健身事业发展中遇到的各种问题。因此,《纲要》强调了加快"社会体育督导、群众体育工作、体育社团、场地设施管理等方面"的立法工作的重要性。

(四)健全各级各类体育组织,形成全民健身组织网

《纲要》中指出:"充分发挥各群众组织和社会团体在开展群众性体育活动中的重要作用,建立健全行业系统体育协会和其他群众体育组织,逐步形成社会化的全民健身组织网络"。群众参与到全民健身活动需要各种体育组织作为活动载体,因此这些体育组织成为提高人们身体素质、丰富人们业余生活、促进人的全面发展的重要环境因素之一。建立健全各级各类体育组织,使之构成全民健身的组织网,从而展现出其固有的覆盖面广、包容量大、相互连通的特点,最终在奔向同一个目标的基础上开展各具特色的体育活动。

(五)拓展资金来源渠道,开发体育健身市场

《纲要》中各项工作的落实,特别是群众体育活动的开展等都需要有足够的资金投入。结合当前我国的实际情况,按照体育事业走社会化、产业化等道路,应尽力谋求建立起一个形成政府拨款、社会筹集和个人投入等多种渠道相结合的资金投入模式。只有这样才能有更加充沛的资金来发展群众体育事业,以及拓宽人们的体育消费渠道和让体育

健身市场更加繁荣,进而满足人民生活富裕后可以在体育健身领域中自如选择那些自己喜爱和需要的体育活动的要求。

（六）推行两项制度,加强骨干队伍建设

《纲要》把"实施体质测定制度,制定体质测定标准,定期公布全民体质状况。实施《社会体育指导员技术等级制度》,加强社会体育骨干队伍建设"作为一项重大对策来提出。《社会体育指导员技术等级制度》和《中国成年人体质测定标准施行办法》是与全民健身计划配套的两项重要等级制度,按照这两个等级制度可以直观揭示出我国民众的体质状况和社会体育骨干队伍的建设情况。

国民体质测定制度的实施可以让国家和人民都了解自身体质的状况,在此之下更便于他们找到提升自身体质的努力方向。从宏观层面来讲,这表明我国国民体质的建设从自发阶段走向了科学阶段。而在这一过程中也不能缺少社会体育指导员的参与,这是发展我国体育事业、增进公民身心健康的重要队伍。他们的工作为组织和指导群众开展体育活动,为他们介绍体育与健康的有关知识,教授他们科学开展健身活动。综合来看,社会体育指导员在实现群众体育的社会化、科学化、产业化上面起到了不容忽视的作用,而所制定的《社会体育指导员技术等级制度》就是加强这支队伍建设的制度保障。

（七）加强科学研究,推广科学的体育健身方法

就我国来说,过往很长时间内我国在体育事业中的科研力量都投向了竞技体育领域,这带来的直接成果就是我国竞技体育的发展势头良好,我国健儿在世界赛场上取得了优异的成绩。反观同样在体育事业中占有重要地位的群众体育则很少有科学研究面向这一领域,时至今日,在群众体育和全民健身领域的科学研究依然较为薄弱,这显然阻碍了群众性体育发展的步伐。《纲要》的颁布标志着我国体育工作的重点发生了转移,全民健身活动在各地蓬勃兴起,由此也必定带动体育科学研究的重点转移到这一领域当中。为了给群众体育中的科研活动带来便利,应不断鼓励体育科研人员在这个方向上选择课题,改善科研条件,拓宽科研领域,由此力争对现有的体育健身方法进行成效检验,并向群众推广科学适用的体育健身方法,进而使体育科研成果真正造福人民群众。

（八）加强体育设施建设，创造良好锻炼环境

《纲要》中强调加强体育场地设施建设。丰富多彩的全民健身活动需要足够的硬件设施作为保障，各级人民政府有义务和责任为这些活动的开展提供必要的体育场地设施，以及创造良好的健身氛围和环境。但从实际来看，不论是体育场地和设施这种硬件，还是群众体育指导与氛围这种软件，都还没能满足广大人民群众的需求，甚至成为全民健身活动开展不顺利的瓶颈。所以，加强体育设施建设、改善体育设施功能、提高体育设施使用率等问题就成为日后很长一段时期的工作重点。

第三节　《全民健身计划纲要》的实施

一、《全民健身计划纲要》实施的组织领导

《全民健身计划纲要》规定："本纲要在国务院领导下，由国家体委会同有关部门、各群众组织和社会团体共同推进。国家体委负责组织实施。"原国家体委（现国家体育总局）是国务院主管全国体育工作的职能部门，负责具体组织落实《纲要》中的具体工作。如此安排是考虑到能充分发挥国家体育管理部门对全国体育工作的统一领导、协调与监督职能。但从实践中可以看到，全民健身计划的落实绝不只是体育部门这一单一部门能完成的，它还需要"会同有关部门、各群众组织和社会团体共同推进"，这些部门包括教育、卫生、文化、科技、民族、民政、财政、税务、工商等；各群众组织包括科协、农民体协、少数民族体协、行业体协、体育总会、单项运动协会、体育科学协会等；各社会团体包括工会、共青团、妇联、青联、残联等。因此，全民健身活动成为一项几乎调动起社会所有组织的综合性活动。

各级地方人民政府、各部门、各系统为了贯彻落实《纲要》中的精神和要求，也要相应建立组织机构并制定相应的实施方案与规划。

二、《全民健身计划纲要》中对任务的确定

《全民健身计划纲要》的实施思路是整体规划,逐步实施。这使得《纲要》的实施需要经历几个阶段。下面主要对《纲要》一期工程的任务进行说明。

《全民健身计划》一期工程是全民健身计划的初始探索阶段,其所经历的时间并不算长,但其中要担负的任务却是非常艰巨。对于一期工程,还对其进行了更加细致的三个阶段划分。

（一）一期工程之第一阶段

第一阶段确立的目标为"进行宣传发动和改革试点,初步掀起一个全民健身活动热潮"。为此,原国家体委于 1995 年 6 月 23 日发布了关于贯彻《全民健身计划纲要》实施"全民健身一二一工程"的意见,该意见确立了如下任务。

突出一个重点:《纲要》启动的阶段中的工作重点为开展强有力的宣传工作,要尽量调动一切可以调动的宣传资源,营造强大的舆论声势与社会反响,达到"家喻户晓、人人参与"的目标。宣传工作归根结底的目的还是萌发群众的健身意识,激发他们的健身动机,引导他们来到运动场,同时也促进更多单位、部门和团体积极开展全民健身工作。

推行两项制度:所谓的两项制度分别为《社会体育指导员技术等级制度》和《中国成年人体质测定标准施行办法》。对这两项制度的推行能否成功直接关系到全民健身计划的实施能否有一个好的开始,为此,要充分做好这两项制度推行的试点工作,并在安排合理、科学严谨、井然有序之下逐步实施。

掀起一个热潮:所谓的热潮就是全民健身活动的热潮。全民健身活动是实现增强人民体质目标的最基础方式。为此,《全民健身计划》的实施伊始,就非常有必要在活动的组织上开启一个好头,特别是要组织一些群众参与人数多、主题突出、轰动效应强的活动,以此为抓手不断掀起群众健身的热潮。

（二）一期工程之第二阶段

基本目标:"通过重点实施,逐步推进,形成崇尚健身、参与健身的

社会环境和社会风气"。为此,工作实施的措施为建立健全全民健身领导体系,组织建立种类多样的体育协会和群众性体育组织;注重对社会中不同类型群体的体育健身指导管理,做到有针对性地向群众推广适合开展的体育健身方法;进一步加强群众体育法规制度建设,逐步完善法规体系;加快社会体育指导员队伍的建设;引入竞争和激励机制等。

（三）一期工程之第三阶段

基本目标:"全面展开全民健身计划的各项工作并普遍取得成效,建立具有中国特色的全民健身体系的基本框架"。为此,其工作的主要任务为:增加经常参加体育锻炼的人数,即增加体育人口的数量,具体目标为使经常参加体育锻炼的人数在 1996 年 31.4% 的基础上有较大增长;提高国民体质水平,使达到我国成年人体质测定标准的人数在 1997 年 71.4% 的基础上有所增加;增强青少年和儿童身体素质,使我国实施《国家体育锻炼标准》的学校在 1997 年 82.3% 的基础上,到 2000 年再增加 3%;为群众提供更多更好的体育锻炼场地设施,到 2000 年再建 1000 个体育活动站;扩大社会体育指导员的队伍,到 2000 年,我国社会体育指导员人数达到 15 万人;健全社会化群众体育组织网络;加快群众体育立法等。

总的来看,一期工程中这三个阶段相互之间构成了一个有联系的整体,一期的整体工作是由这三个阶段逐步实施获得的,最终达到了之前所确定的我国到 20 世纪末预计实现的发展与改革目标。

第三章

全民健身持续发展要求下的服务体系阐析

　　全民健身活动给社会和社会中热衷参与运动的个人所带来的影响无疑是非常深远的,这也就决定了全民健身这项活动应该是可持续发展的。在这一要求下,对全民健身的服务体系进行研究就显得很有意义。

第一节　全民健身持续发展要求下的服务体系的内涵

　　在可持续发展的视角下,我国体育事业的发展是一系列可持续发展战略中不可或缺的内容。对于体育事业的发展来说,全民健身服务体系是其下属的一个子系统,它以提升广大民众的身心健康水平和实现参与健身的个体的全面发展为核心及重点,为整体民众发展、社会进步提供充足的支撑。[①]

---

①　苏文燕.基于自组织的全民健身可持续发展评价指标体系研究［J］.山东体育科技,2016,38（3）：87-91.

第二节　全民健身持续发展要求下的服务体系发展的需求

一、满足参与健身运动的个体的健身、健心及健美需求

从可持续发展的视角上来看,全民健身的运动模式应为个体自由运动或个体分散运动两种。如果能随之配以完善的全民健身服务体系,则可以以更加有效的方式鼓励不同运动需求的大众利用更加灵活的方式开展体育锻炼,如此满足他们对健身、健心、健美的需求。

二、满足参与健身运动的个体的文化、娱乐及审美需求

现如今,体育运动已经从一种单纯的身体活动形式升华为了一种社会文化现象,且这一文化现象的影响力与日俱增。如此情况下,体育观赏也逐步与音乐、文学作品、画展上升至同等地位。如果能随之配以完善的全民健身服务体系,则可以引导大众重新审视文化、享受娱乐、审视美感。①

第三节　全民健身持续发展要求下的服务体系建设的现状

一、调查方法及对象

这项对全民健身服务体系建设的调查将全民健身系统视为一个开放的生命有机系统,从这一基础上开展相关研究所获得的结果更有说服力和有效性。在调查方法的选择上,为了增加调查结果的客观性和准确

① 邱世海.民族传统体育项目在全民健身可持续发展中的传承与应用［J］.体育科技文献通报,2015（7）: 16.

性,选择了在资料调查法的基础上辅以访谈法的形式,对本地体育管理部门的负责人和地区群众进行了访谈,共同对全民健身事业的可持续发展问题进行了讨论分析。

二、调查结果分析

经调查和研究可知,在经历了十余年的各方努力之下,我国民众的体育健身意识不断提高,体育人口数量不断提升,可供开展群众性体育活动的场地和设施也在不断完善和建设之中。时至今日,我国已基本形成了全民健身法规政策、全民健身组织体系及服务体系。不过,为了能使这一趋势得到保持,以及进一步使全民健身这项事业得到可持续发展,还应着重解决以下几点问题。

(一)全民健身服务体系建设的目标还不明确

体育事业发展的水平非常依赖社会经济的发展程度,可以说,社会经济是包括大众体育在内的各项体育事业发展的基础。现阶段,我国的体育体制仍然是以政府为主导的体育管理体制,对于全民健身的开展及其建立的全民健身服务体系来说,其所需的资金就几乎都来自政府的投入。但在近十余年的发展过程中不难发现,政府对体育事业的资金投入缺乏一个明确的目标指导,这使得本就有限的资金更多投入到了竞技体育领域,这让能惠及更多人的大众体育的发展缺乏资金支撑,这无疑对广大群众参与体育健身的热情带来了限制。[①]

(二)全民健身服务对象的结构缺乏合理性

我国的国家体育总局在 21 世纪之初发布了《中国群众体育现状调查报告》(以下简称《报告》)。该《报告》中包含下面内容,作为健身者的全面健身服务对象的主要结构为两头多、中间少的形态,即儿童和青少年以及老年人是全民健身活动中的主力军,而本应有更多健身需求的青年人和中年人则只有较少比例参与到健身活动中。一些研究数据也显示了随着健身者的年龄变化,我国体育人口的总体比例也在变化,且

---

① 刘林星.黄河三角洲全民健身公共服务可持续发展体系建设路径研究[J].四川体育科学,2018,37(6):16-19.

波动幅度较大。

（三）体育健身资源供给不足

自我国开始大力发展以全民健身为主要形式的大众体育之后，开始有更多体育资源投向这个领域，突出表现为全国各地兴建了更多体育场地和配套的相应设施。不过统计数字也显示，即便我国加大了对群众性体育的资源供给，但每万人拥有的体育场地数量仍然不足十个，且我国人均体育场馆占有率每平方米每人在 1.1 以下。就这一数据来说，与世界其他体育大国相比还相差甚远。另外，体育健身资源还包括大众体育中对健身者进行专业指导的人员。社会体育指导员也是大众体育开展所必需的体育资源，如果没有他们的专业指导，大众健身的科学性、有效性就不能彰显，群众通过体育想获得的健身效果也会大打折扣，这对全民体育健身服务体系的可持续发展也是一种制约。

第四节　全民健身持续发展要求下的服务体系建设的思路

一、明确可持续发展视角下全民健身服务体系发展原则

要想使全民健身服务体系中的各项事务较为完善，就需要确定好可持续发展视角下全民健身服务体系发展的原则。在确定这些原则前，需要注意其要符合全民健身服务体系发展的需求，然后再依据持续性、公平性等原则，确保指定的原则能够切实为全民健身事业可持续发展提供充足的驱动力。

（一）持续性原则

持续性是最为关键的原则，它要求一切关于全民健身服务体系建设的决定都要在自然资源和生态环境所能允许的承载范围之内。在此基础上，再依据由简单到复杂、由低级到高级、由局部到总体的发展顺序，从全民健身运动各阶段间的联系入手，将全民健身事业的发展以一种整体的持续性发展来看待。全民健身服务体系可持续发展最需要的就是

大众的终身体育意识,在这一意识的引导下,大众也应依据体育体系化及整体化的目标,根据自身的不同发展时期、身体状况和运动习惯等合理选择健身项目以及调整锻炼目标,充分满足自我体育健身能力提升需求。

(二)公平性原则

由于全民健身服务体系是建立在维护生态平衡的基础上的,因此其不仅需要确保在同一时期内地区与地区间的发展要均衡,还要考虑到为此后很长一段时期内健身者的运动需求的满足提供足够的空间。为此,在发展全民健身事业中要秉承公平性的原则,综合考虑全民健身系统内多个要素及其相互关系。只有这样才能确保每一个参与健身的个体享有平等参与健身运动的机会,特别是享有平等的体育资源,避免区域间差异及阶层间差异对民众参与健身活动积极性的影响。①

二、构建合理的全民健身服务供给对象的结构

经济因素导致的城乡发展不均衡、区域发展不均衡等问题是现今全民健身服务体系可持续发展进程中面临的主要问题之一。为解决这些问题,相关部门首先应在明确可持续、共同性、协调性发展等原则上,不断尝试加大社区性质的全民健身服务的开发力度,力求使社区体育组织成为今后主要的群众体育活动形式。同时,还应努力寻找愿意为群众体育事业做出贡献和支持的企事业单位,让这些单位以实物赞助或者资金赞助的方式为大众体育活动的开展提供一定的经济支撑。

其次,众多类型的媒体,特别是新媒体要充分利用自身的宣传资源优势向大众多多普及全民健身的重要意义与价值,为开展跨区域的全民健身交流合作活动造势,进一步增加民众对体育健身的关注度。同时,不论开展哪种体育运动,都不能缺少公平、公正的环境及高水平的指导团队。因此,在提高民众对体育健身关注度的同时,相关部门还应依据业余性质的体育活动特点,构建完善大众体育指导团队,并在每年定期划拨科学指导团队培训及考核的专项资金。利用互联网线上渠道,构建

---

① 王敏坚,唐翠.佳木斯快乐舞步健身操可持续发展研究[J].体育科技文献通报,2016,24(10):25-27.

城市及乡村全民健身指导员官方微博、微信号,为大众和体育健身指导员的信息交互创建桥梁。可以肯定的是,这些富有亲和力、专业水平高、公益心强的体育健身指导员队伍,必能为我国全民健身服务体系的可持续发展提供更加强力的支撑。

再次,为了解决现阶段参与全民健身活动的健身者的年龄结构不合理的问题,相关部门可依托现有全民健身服务设施资源,以竞技体育、业余体育互动理念对应及业余体育团体可持续健康发展为关注点。同时,还应充分挖掘职业体育、社会体育及青少年体育的潜力,并且改善现有业余体育活动的组织模式,如以免费俱乐部的形式或者利用企事业单位的体育场馆的方式,激发青年和中年群体的运动热情,提升中间年龄段人群的体质健康水平。[①]

最后,为解决现阶段我国体育设施资源不足带来的供需矛盾问题,相关政府部门应切实监督我国颁布的关于学校及事业单位运动场地和设施对公众开放的相关文件。做好与院校及事企业单位之间的沟通者角色,对所涉及的学校及事企业单位要明确其可向公众开放的场地、开放时间以及相关费用等信息,以期真正实现运动设施为民服务的目标。学校与事企业单位也要做好相关场馆和设施向公众开放的各项配合工作,应进一步完善体育场馆管理机制,做到尽量在不影响自身教学或主要业务的基础上尽量向公众开放,由此来推动全民健身运动与校园体育和单位体育的互动式发展。

三、完善全民健身服务资源支撑体系

在遵循可持续发展和全民健身事业发展的原则下,要想解决目前全民健身服务体系过度依靠体系外资源支持的问题,应从以下几个方面努力。

首先,力求转变政府职能,确立建立起一个开放的、有竞争的及协同发展的组织系统为目标。要特别注重挖掘全民健身体系内的发展动力,促使广大群众形成主动性较强的参与体育健身活动的动机,如此才是解决全民健身运动缺乏有效支撑的长效方法。为此,政府有关部门应重新

---

① 黄正,黎辉.生态体育视阈下东莞水乡全民健身可持续发展路径探析 [J].辽宁体育科技,2016,38(5):27-30.

审视自身在制定全民健身活动发展大方向上的责任类别,特别是要淡化自身在行政管理方面的权威性,即转变自身角色,从发号施令者转变为服务者、支持者和指导者。此后,当全民健身服务体系的建设成形且趋于稳态后,政府可制定适宜的全民健身发展策略,以此来进一步完善全民健身服务体系的这种稳态,从而驱动全民健身服务体系继续沿着正确的发展方向迈进。①

其次,全民健身服务体系归根结底是一项以个体发展为目标、促使个体全民发展的活动。因此,依据个体发展的阶段性变化的规律,政府相关部门除了要在市场及社会、团体自组织的基础上做好工作外,还要关注以人的自组织为阶段重要工作,即要充分调动个体参加体育健身活动的意识和主动性,这是营造全民健身有利外部环境的关键,同时从微观上来说也是为每一名健身者可持续获得良好健身效果奠定了基础。

落实到具体工作上,政府相关部门要充分借鉴欧洲、美国等世界体育发达国家的大众体育发展经验,并将之与我国国情相结合,逐步摸索出一套社区性质的体育活动管理机制,这是未来群众性体育发展的必然趋势。社区性质的体育活动管理机制是一种脱离官方体育部门的群众性体育组织,其在增加群众的健身主动性和参与热情上有更好的作用,为此,就目前我国城市及农村全民健身服务体系建设情况来看,进一步细化包括社区体育组织在内的业余体育组织管理结构是非常必要的,这也是正确的发展路径。为了能给这些业余体育自组织体系的顺利运作提供保障,可以在全民健身组织任免制度、社会组织成员奖惩制度、体育活动后勤保障体系、市场自组织资金利用等方面都给予一定的自由度。在业余体育自组织体系运作过程中,社区居民或俱乐部成员可以主动与体育负责人沟通,了解社区居民的健身情况和健身需求,并对此进行系统分析,得出的结论可用于改善不足,完善体系,以进一步推动社区性质的全民健身服务体系可持续发展。②

此外,在全民健身服务设施体系的建设阶段,可适当采用谁使用、谁承担的管理模式,这种做法可以为政府及相关机构减少一定的责任压力,当然这并不是说政府可以不对该建设行为投入资金,确切地说是将

① 张鲲,王敏娜.论全民健身视角下的竞技体育公共服务 [J].湖北体育科技,2015(9):753-755.

② 刘海通,肖璐.全民健身国家战略视阈下我国城市足球联赛的可持续发展研究 [J].福建体育科技,2016,35(5):1-3.

过去由政府单方面的投入转变为适当补贴。并鼓励事企业单位与运营社会组织签订责任风险合同,或者社会保险合同,最大限度降低社区公共体育设施损耗、意外风险对全民健身服务体系可持续运营的影响。

第四章

全民健身的科学理论与基本方法研究

全民健身是一项要在众多科学理论指导下才能顺利开展的活动,不仅如此,参与其中的健身者还要掌握正确的活动方法才能从中获得良好的健身效益。为此,本章就重点对全民健身所涉及的科学理论与基本方法进行研究,以使广大健身者懂得正确的健身之道。

第一节　大众体育健身的科学理论基础

一、大众体育健身的运动学基础

（一）肌肉运动学

1.肌肉的结构

肌肉是人体的力量来源,是运动系统中重要的组成部分。

（1）肌肉的构成

人体内的肌肉是由无数细长状的肌细胞组成,肌细胞是构成肌肉的基础,其也被称为"肌纤维"。肌纤维的外层包裹有一层结缔组织,称为"肌内膜",若干条肌纤维合拢在一起构成肌束,肌束表面也包裹有肌束膜。若干肌束合拢在一起最终构成一块块肌肉,肌肉外面还有肌外膜包裹。肌肉中的主要成分为水约占 3/4,此外,能量物质、蛋白质、酶等固体物质约占 1/4。供给肌肉营养物质的是肌肉中的毛细血管网,密布的神经纤维则为神经协调提供保障。

（2）骨骼肌

骨骼肌,是附着在骨骼上的一种肌肉。人体内有多种肌肉类型,而含量最多的就是骨骼肌。骨骼肌在人体中的分布最为广泛,功能性非常明显。人体内包含有大小不一、形态各异的骨骼肌 400 余块,其重量约占人体体重的 36% ~ 40%。不同性别的肌肉含量有一些不同,普遍为成年男性约占 40%,成年女性约占 35%。

骨骼肌的主要功能为在神经系统的支配下做收缩运动牵动骨骼,以使人体可以产生局部的运动,或是维持身体保持某种相对静态的姿势,以此对机体完成运动所需的各种动作起到积极的促进作用。

骨骼肌实际上也是一种器官,其形态多为两边窄、中间大,中间的部位叫作肌腹,两侧连接骨骼的、没有收缩能力的部位叫作肌腱。肌腱的构成单位为胶原纤维束,这些纤维束排列得非常紧密,由此构成了肌腱,肌腱的一端与肌内膜、肌束膜和肌外膜相连接,另一端与骨膜相连。肌腱与肌肉纤维不同,它本身基本没有收缩能力,它的特点在于可以承载较大的拉伸负荷。总的来看,骨骼肌做收缩动作时牵连骨骼运动,这就是人体运动产生的原理。

2. 肌肉的类型

（1）原动肌

对动作的完成构成直接影响的就是原动肌。原动肌有如下两种类型。

①主动肌。对某个动作的实现起到主要作用的,即被称作主动肌。

②次动肌。对某个动作的实现起到次要作用的,即被称作次动肌。

（2）固定肌

固定肌,是固定原动肌一端附着点所在骨的肌肉。正因为有固定肌的存在,才能协助主动肌的拉力方向朝着它们的固定点。

固定肌的运动由作用相反的两群肌肉共同作用,如此才能使关节有一个相对固定的稳态,还有就是一群肌肉与某些外力的共同作用。

（3）对抗肌

对抗肌就是与原动肌作用相反的肌肉。人在运动中的许多动作几乎都有对抗肌的参与才能做出。例如,在"弯举"动作中,肱三头肌是肱二肌的对抗肌。这里需要说明一点的是,原动肌和对抗肌并不总是两两相对应的,它们也会根据不同的动作或动作方向的改变而出现变化。

（4）中和肌

中和肌的一般工作有二。一是有时两块原动肌有一个共同的作用,但也会出现互相对抗的作用;二是抵消原动肌过多的作用效果,如此能使运动技术的表现更为准确。

（二）骨骼运动学

1. 骨的结构

（1）骨的形状

骨在人体内的功能决定了它的形状。就其形状来说一般有长骨、短骨、扁骨和不规则骨。

（2）骨的构成

骨,是由骨膜、骨质、骨髓、血管、神经构成的。骨骼以骨质为基础,表面被骨膜包裹,内部充满骨髓。

2. 骨的基本功能

骨是人体运动系统中的重要组成部分,不过,骨除了在运动中的功能外,还在身体其他方面有较大功能,如支撑身体、保护脏器、造血和储备微量元素等。

（三）运动技能的形成

1. 运动技能的分类

众多运动领域的学者在对众多运动技能进行了分析之后认为,基本可以将运动技能划分为闭式技能和开式技能两大类。

（1）闭式技能

闭式技能,是指那些几乎不因外界环境的改变而改变就能完成的技能。即这类技能有一个共同的特点,就是只要通过单一的动作重复,最终就可以练就好这项技能。闭式技能的反馈信息来自本体感受器。在体育项目中,闭式技能较多的项目通常是田径、游泳等单人项目。

（2）开式技能

开式技能，是指因外界环境的改变而改变，动作多样，需要多种分析器参与工作并要综合反馈信息，如此才能练就的技能。在练习开式技能中，视觉分析器起到的作用最为显著。在体育项目中，开式技能基本是那些如足球、篮球、搏击等抗性项目。与闭式技能相比，练就开式技能更加不易。

2. 运动技能的形成过程与发展

运动技能不是以一种随机的方式形成的，它的形成始终要遵循技能形成规律。一般来说，人们所有技能的形成都要经历从简单到复杂的过程，具体过程中还会区分出技能的初期建立、中期形成和后期巩固与发展的不同阶段。每个阶段中都有相应的人体生理规律表现，由此也决定了在面对不同复杂性的技能时，各阶段要付出的时间和精力不同。与技能形成的初期建立、中期形成和后期巩固与发展相对应的阶段，就是泛化阶段、分化阶段和自动化阶段。不过在实践中可知，即便技术动作已经完全形成且具备一定的稳定性了，日后还是需要加以巩固，如此才能稳定技术的自动化状态。

（1）泛化阶段

培养一项运动技能首先就要进入到技能培养的泛化阶段。在泛化阶段要遵循这个阶段的规律和流程。泛化阶段的技能教学主要是从教师的讲解与示范开始的，然后运动者通过视觉接收到了动作表象信息后就能初步建立起一个感性认识，但这个阶段运动者还难以理解到运动技能的本质规律。之所以出现这种情况，其原因在于此时人体做出的技能表象是接受了外界刺激的结果，即通过感受器将视觉直观的表象传递到了大脑皮质之中，这引起了大脑皮质细胞的兴奋，但此时皮质内抑制没有确立起来，这就使得大脑皮质中的兴奋与抑制表现出的更多是一种扩散的状态，在这种状态下，条件反射即便存在，也表现得极为不稳定，由此出现了泛化现象。具体体现在动作上的结果，就是在做动作时肌肉较为僵硬、缺乏协调性、存在多余动作、动作与能量消耗的性价比不高等。因此，在泛化阶段中教师要特别重视自身示范动作的标准性和使用的时机，讲解上也要格外关注一些对动作完成有较大影响的细节，并对运动者随后做出的动作中可能出现的问题予以及时提醒，对运动者在练习中出现的"大面"上的错误予以及时纠正，但不要在"小面"上过于纠结。

（2）分化阶段

分化阶段从运动者已经初步掌握了运动技能且基本了解了技能规律之后开始。在这一阶段中，运动者的动作技能相对之前更加准确和高效。这是因为在这一阶段中，大脑皮质运动中枢兴奋和抑制过程逐渐集中，由于抑制过程加强，特别是分化抑制得到发展，因此练习中的大部分错误的动作都能得到纠正，动作与动作之间的衔接也更加紧密和顺畅，于是，相对正确的动力定型被建立了起来。不过，此时这些动作的动力定型还欠缺巩固，如果这一期间缺乏训练，也就是缺乏新的刺激，那么动作技能阶段就会出现退化。为此，此阶段中的教师要注意纠正运动者的错误动作，特别是对一些细微的错误也要开始纠正。

（3）巩固阶段

在这一阶段中，运动者掌握的动作更加精准，看起来也更加优美。不仅如此，在动作的某些环节上还可能会出现在下意识的支配下就能完成的动作，这就表示已经开始出现向下一个阶段发展的倾向了。在巩固阶段中，运动者的技术更能适应环境的变化，稳固性更强，此时在完成练习时也会有更加轻松的感觉。

（4）自动化阶段

当运动者的技能培养经历了上述三个阶段后就进入了最后一个阶段，即自动化阶段。动作技能自动化的现象即为运动者可以在几乎没有意识投入的情况下完成某个或某套技术动作的行为。运动者无意识地完成动作是自动化阶段中的最大特点。不仅如此，在自动化阶段中运动者做出的动作的稳定性也是最高的，甚至在遇到多种阻碍动作完成的情况下也能适时对动作做出调整以对抗阻碍带来的影响。运动者技术动作自动化的出现原理在于第一信号系统的活动已经从第二信号系统的影响下相对获得了"解放"。此时在完成技术动作时第一信号系统的兴奋不再完整地传递，如此就使运动者出现了几乎不用投入什么就能顺利做出较为稳定的技术动作的情况。

作为运动技能培养中的最后一个阶段，其决定了运动者动作自动化的程度对其运动能力的影响。不过有一点需要明确的是，即便技能培养来到了自动化阶段，也不代表动作质量能始终保持良好状态。这种情况的机理为，掌握此阶段的信号系统为第二信号系统，第一信号系统基本很难再对动作产生影响，但不利的地方在于，如果在此阶段中的动作出现了错误，则很难立刻被运动者发现，甚至有可能当运动者发现这一问题时,错误的动作已经被定型了,要想纠正则更加困难。如此一来,也就要求即便当运动者的技能形成来到了自动化阶段,也应时刻注意检查动作质量,一旦发现问题要及时纠正,如此大大提升练习效率。

二、大众体育健身的心理学基础

(一)大众健身与动机

动机,是驱使个体进行活动的心理动因或内部动力。就大众体育健身运动来说,只有当人对参与其中有较大的动机时,才能引起并维持人的这一行为。

1.动机的形成条件

动机的形成依赖内外两方面的因素。

(1)内部条件

动机产生的内部条件主要为"需求",它是个体由于缺乏某种事物而引发的多种不适感。这种感觉诱使人做出各种行为。

(2)外部条件

动机产生的外部条件主要为个体接受的各种外部环境带来的刺激,这些刺激多为生物性的因素或是社会性的因素。实际当中,外部环境给人带来的刺激更容易驱使个体产生动机。

2.动机的分类

动机的类型有很多种,主要会以需求性质、兴趣特点、情感体验、动机来源等作为分类依据。

(1)以需求性质为依据进行划分

在以需求作为划分依据的情况下可将动机分为生物性动机和社会性动机。

①生物性动机

生物性动机是一种基础性动机,它的产生是基于生物属性决定的,如当人感到饥饿后就有了吃饭的动机,感到口渴后就产生了喝水的动机等。

②社会性动机

社会性动机是为了满足个体的社会属性而产生的动机。例如,人想在社会中得到肯定,想拥有良好的人际关系等动机。

（2）以兴趣特点为依据进行划分

在以兴趣作为划分依据的情况下可将动机分为直接动机和间接动机。

①直接动机

直接动机是指那些以直接兴趣为基础且指向活动过程本身的动机。在实际当中,一些运动者之所以参与某项运动是因为他们本身对这项运动有着极大的兴趣,认为参与这项运动是一种对自身能力的挑战,或是符合自身的兴趣期待,因此只要参与其中就能获得一种理想的效能感和满足感。

②间接动机

间接动机是指那些以兴趣导向为基础且指向活动的结果的动机。间接动机在实际当中,表现为一些运动者非常喜爱参加某项运动,但他喜爱的原因可能并不是对这项运动本身特别热爱,而只是认为这是获得自信或别人认可所必须进行的行为。如此一来,在间接动机驱使下的个体参加的运动行为,其更加注重运动的结果,通常只有好的结果才能更加让运动者感到舒适,比如取得比赛的胜利。

（3）以情感体验为依据进行划分

在以情感体验作为划分依据的情况下可将动机分为缺乏性动机和丰富性动机。

①缺乏性动机

缺乏性动机是以将危险、威胁、缺乏等需要予以排除为特征的动机。这是一种在厌恶心理驱使下产生的动机,由此就决定了只要目的实现,即那些令人感到厌恶的元素消失了,动机也就随之减少直至消失。

②丰富性动机

丰富性动机是为获得享乐、满足、理解、成就感等心理为特征的动机。简单说,这是一种"欲望动机",这种动机会驱使人不断地追求这些心理上的刺激感和满足感。如此看来,这种动机不会因为个体的情感得到满足而消失,而是即便达到了目标,获得了心理的满足后还想得到更多,且是期待不停地获得。

（4）以动机来源为依据进行划分

以动机来源为依据进行的划分可将动机分为内部动机和外部动机。

①内部动机

内部动机来自个体内部的主观因素,其是以生物性需要为基础,并通过参与某项活动来展示自身能力,进而展现自身价值,获得满足感和效能感的一类动机。例如,运动者在参加健美操活动中体会到了自身身体的健美感,这是他对自身身体美的需要和目标,一旦达成,就构成了一种对自己的内部奖励,遂继续给运动者带来进一步的动机激发作用。

②外部动机

外部动机来自于个体外部的客观因素,其是以社会性需要为基础,并通过参与某项活动来获得外部奖励或避免受到惩罚,进而获得满足的一类动机。它是汲取外部力量的动机,个体获得的行为驱动是来自于外部的动员力量。

3.动机在大众健身中的作用

运动者参与大众健身需要有充足的运动动机的驱使,这一动机对促进大众健身的作用主要如下。

(1)始发作用

动机可引起和发动个体参加大众健身运动,即让运动者做出参与健身运动的决定。

(2)指向或选择作用

动机可引起和发动个体进行大众健身运动的方向和目标,即让运动者选择想要参与的运动项目及相应为自身设定一个运动目标。

(3)强化作用

动机是维持、增加或制止、减弱大众健身运动的力量。要想保持一个积极参与的热度,就需要参与动机保持在较高水平。动机强度越高,人们对参与健身活动的热情和积极性就越高,也更乐于为此付出努力、时间甚至金钱。

(二)大众健身中心理因素的重要作用

个体在大众健身活动中保持良好的心理状态是非常重要的。一些研究显示,运动者能够在大众健身活动中获得理想的效果,除了要从身体上努力践行外,心理因素也占30%的作用。为此,这里即对心理因素对大众健身活动带来的效果进行说明。

1. 情绪对大众健身的作用

情绪对于一个人来说会对其行为产生影响,主要为推动或抑制其参与某项事物的态度。一个性格良好、心理健康的人的情绪总是相对稳定和协调的。其实,人们在日常生活中不论做任何事情都会付出一定的情绪,在其中如果遭到挫折和困难,遇到困惑的事情等,都会产生一些情绪上的波动,感到不愉快的心情,这些心理只要在短期内出现都是正常的,配合上积极的情绪调整就可以恢复。一个人面对困难与挫折时自身对情绪的调节能力是展现其心理健康水平的标志。而从人的健康层面上来说,良好的情绪也关乎总体身心健康。

良好的情绪对运动者参加大众健身活动来说对所获得的效益有直接影响。如果是带着良好的情绪参与大众体育,则能为最终获得效果"增力",表现为更加亢奋的精神和更加充沛的体能。反观如果是带着不良的情绪参与大众健身活动,则可能更会从活动的挫折中自暴自弃、态度消极、无精打采、心灰意冷等。

2. 智力对大众健身的作用

人的智力和身体活动始终有着紧密的联系。人在早期的身体发育过程中,智力水平也随之增长,但这种协同增长的趋势会随着年龄的继续增长而出现智力发展与身体发育相脱离的现象,两者的能力增长出现了分化,智力与身体活动能力之间的相关很低。但即便如此,智力与身体活动能力之间仍旧有着联系。例如,在学习某项新的运动技能时,运动者也需要运用精确的记忆能力、敏锐的观察能力、丰富的想象能力、快速的思维能力等智力范畴内的素质。并且有研究显示,智力水平更高的运动员更有可能成为成绩优秀的运动员。

3. 良好的意志对大众健身的作用

意志,是指支持个体自觉地明确目标、支配行动、克服困难、实现目标的心理过程。意志反映出的是人的意识能动性程度,个体能否对自身的一个行为保有自觉性和持久性,很大程度上就依赖于其意志的强度。

(三)大众健身对心理健康的影响

经常参与大众健身运动的运动者,其心理因素也会在运动中得到更多积极的促进因素,从而让运动者的心理素质得到不断提升。这主要体现在如下方面。

1. 能够使情绪状态的控制得到改善

大众健身对心理健康带来的积极影响主要表现在能有助于维持运动者的良好情绪上,实际上,这就是一种人的自然需要得到满足后产生的体验。在人所参与的任何活动和做出的任何行为中都有情绪的夹杂,而经常参加大众健身的运动者无疑能通过运动的良好体验来提高自身对情绪的有效调节作用。

人们生活在现代社会之中,普遍被高压力和快节奏压得感到窒息,长此以往不免在心理层面上产生紧张、焦虑和不安的反应。经常参与大众健身活动有助于转移不良情绪,是一个合理且效果良好的"发泄口",它能使人的头脑从消极情绪中短暂解放出来,同时为保持积极乐观的精神面貌奠定良好的生理基础。

2. 对认识能力的提高起到积极的促进作用

那些长期参与大众健身活动的人可以从中获得对自身感知觉等认知能力方面的提高,如此让运动者的反应更快、洞察力更强、思维更敏锐。

3. 有助于提高自信,完善自我

自信心是个体获得成功的保证,只有当人有充足的自信时,才能坚定自己在大众健身活动中是可以获得良好效果的。不仅如此,在运动中身体完成各种复杂的动作、在与队友的默契配合中、在与对手的竞争拼搏中、在取得胜利的喜悦和失败的反思中,都能使信心获得提升。即便是遇到失败,只要有正确的认识和良好的调整能力,也能让失败成为促进信心增长的机遇,这会让运动者不论在何种情况下都能完成他们的自我完善。

4. 能够有效降低应激反应

现代人的生活中总是充满压力和竞争的,且为了应付各种社会角色和人际关系也大量消耗了人的精力。长期在这种氛围下生活非常容易使人处于应激状态之中。事实也证明了,在我们身边生活的大多数人都处于一定程度的应激状态中,这看起来也算是正常情况了,但如果应激程度超过了一定范围,就会引发人们身心上的不适,久而久之使人们处于亚健康状态,免疫力降低,各种疾病也会找上门。大众健身运动是非常理想的缓解应激反应的方式,经常参与可使人即便遇到一定的刺激,也能以良好的心态应对,做出正确的反应和行为。

第二节　大众体育健身的基本原则

一、主动性原则

运动者参与大众健身活动都是有一定目的的,这正是保障他们健身热情和良好动机的关键。由此可见,运动者的主动性就成为他们能否长期坚持参加活动的要素。为此,参与大众健身活动就要遵循主动性原则,即运动者参与活动的主动性。具体来说,应做好如下几点。

（一）明确目的、强化动机

人的一切行为都是受到动机影响的,这点对于人们参加大众体育健身活动来说也是如此。鉴于此,为了增强人们参与的主动性,首先就要从向他们明确健身目的,以及健身能给身心带来何种益处入手,如此让人们更加了解健身活动,引导他们在这方面的动机逐渐增强。

（二）培养兴趣、形成习惯

要想使人们以更加主动的态度参加大众健身活动,除了不能缺少运动者的意志和努力,还不能缺少种类丰富的健身内容,这样才能更加容易地诱使人产生兴趣,而这种兴趣更能激发人参与活动的主动性。

就人的兴趣来说主要可以分为直接兴趣和间接兴趣两种。直接兴趣是指运动者对某项运动项目本身产生的兴趣,而间接兴趣则是其对活动结果的追求所产生的兴趣。鉴于这两种不同的兴趣,就需要对运动者做出正确的启发引导和多种形式的组织,努力将两类兴趣相结合,共同刺激运动者参与运动的主观意愿,如此才能在兴趣提升的基础上,进一步将运动者的运动行为升级为一种习惯。

（三）检查评价、激发动力

人们要想在大众健身活动中看到效果是需要一个较长时间的运动积累才行的。但确实这些效果是有一点点在向上增长的，为此，可以定期通过医务监督、效果评定和比赛等方式来检查运动成果，让运动者及时了解到健身成果，这也是继续激发其运动动机和欲望的好方式。

二、针对性原则

针对性原则要求人们在参与大众健身活动时要根据自身实际情况选择恰当的运动项目、运动形式和运动负荷等相关运动元素，以期使健身活动符合个体所需，尽可能获得更多的锻炼成果。如此使得足够的针对性成为针对性原则的关键，为此，人们为了遵循大众健身活动的针对性原则，在运动过程中需要注意如下几点。

第一，认可个体间的差异，根据自身实际情况和需求确定运动相关元素，避免一味参照他人的锻炼方式而忽视自身情况。例如，针对年龄特点进行选择，人在不同的年龄阶段，身体机能会发生一定程度的改变，因此在选择健身项目和负荷量的时候要依据自身的年龄特征合理选择。再如，针对性别特点进行选择，男女两性在诸多方面存在差异，在大众运动项目的选择上也是如此，总的来看，男性更多选择那些体力消耗较大、对抗较为激烈的项目，而女性则更多选择那些韵律性较强、体能消耗不太大的项目。

第二，大众健身活动中的项目形式多样，内容丰富，这为运动者们提供了较大的可选择性。每种运动项目都有各自锻炼的重点，如有些运动着重提高人的有氧运动能力，有的运动则重点发展人的上肢力量，有些运动则重点发展人的下肢力量等。因此，根据自身需要选择恰当的项目是非常重要的。

第三，人们参与运动的环境可能会发生一些变化，那么运动者就需要根据某些环境变化适当调整锻炼计划，如此看来针对性原则也适用于对运动环境的适应上。

三、经常性原则

经常性原则是指人们参加大众健身活动要坚持长期进行且有一定的规律。从运动技能提高的规律以及人体机能水平提高的规律来看,都需要有一个长期坚持运动的过程,这是一个反复刺激和强化的过程。如果健身锻炼行为不规律、不长期,健身效果就不容易稳定积累,待到下一次锻炼时,上一次锻炼的效果已经消耗殆尽,这样一来健身效果就不显著,甚至没有看到有什么效果。

总之,人体身体素质或技能水平的提高不是一朝一夕的事情,而是一个长期的过程。为此,人们在参加健身锻炼的过程中必须要贯彻经常性原则,具体可以做好以下几个方面。

（1）养成定期且长期参加健身运动的习惯。

（2）科学、合理地设定健身目标和训练计划,计划一经确立,就要排除一切不正当理由打断或终止健身计划。

（3）循序渐进,逐步提高。健身者在锻炼过程中不要计较一天一周的健身效果,而应该坚信运动健身的效果,以半年或年为单位来看待自身的进步。锻炼周期内要特别注意保证连贯和系统,逐步提高健身锻炼的水平。

四、适量性原则

适量性原则是指健身者应在适宜的生理负荷下参加健身活动。运动训练理论揭示了运动效果的决定因素是受到的运动刺激的强度,而其中只有适当的刺激强度才最有利于健身者获得效益,同时还有利于能量的消耗与补偿。过大或过小都不能取得理想的健身效果,这点特别是告诉了健身者摒弃只要加大运动量就能更快获得运动效益的错误理念。为此,健身者需要量力而行地参加运动。需要特别注意的是,为避免出现过度疲劳的情况,应定期进行自我身体状况的诊断,且要根据诊断结果合理调控运动负荷。

五、全面性原则

全面性原则是指参与健身活动要力争锻炼到身体各个部位、系统机能以及各项身体素质，力争让健身者通过参与大众健身活动获得身、心及社会适应等全面性发展。为了确保获得这种全面的锻炼效果，在选择运动项目时就要注意项目的不同性质。一般来说，选择至少两项较为熟悉的运动项目作为健身方法是最为理想的。

为此，人们在参加健身锻炼的过程中贯彻全面性原则时应做到如下几点。

（1）参加健身锻炼要结合自身情况，综合考量运动项目对自身外在身体形态、内在身体机能等各方面的全面发展。如果是已经从事某项职业的人员，则应在全面发展的基础上再重点结合自身职业特点锻炼重点部位和相关素质。

（2）合理搭配健身内容。为了达到合理化健身内容的目标，需要在选择运动项目时就尽可能选择那些对身体有全面锻炼效果的运动，如跑步、游泳等。另外，也可以在这些运动之外加入一些对其他部位有针对性的运动项目，如搏击、网球等。

（3）要内外结合。对身体外在形态的锻炼尽管是人们参加大众健身活动的主要初衷，但与此同时还要关注对身体机能方面的锻炼，实际上注重身体机能的提高对提升生活质量有更显著的效果。

六、恢复及时性原则

健身者在健身中不仅要重视健身的过程，还要重视健身后的身心恢复环节。只有让身心获得好的恢复，才能有更充沛的精力与体力参加到下一次运动之中。这是身体机能发展必须经历的过程，同时也是保证人可以持续参加运动锻炼并获得成效的基础。

在运动训练学中有"超量恢复"的现象，即在运动过后，身体的机能能力会在短期内超过原有的水平的现象。超量恢复过程就是身体机能和健康水平的提高过程，但需要一个非常重要的恢复环节的帮助才能达到这样的效果。不仅如此，即便是一般性的锻炼行为，也需要在运动后获得足够的休息,待身体完全恢复后再行参与运动,这对身体健康来说也是很重要的。

第三节 大众体育健身的常用手段与方法

一、大众体育健身的基本方法

要想使大众体育健身活动给健身带来良好的效益,就必须在科学的指导下,采用正确的健身方法来进行。在大众健身中,常使用如下几种健身方法。

(一)重复练习法

重复练习法,就是采用反复重复做同一个动作的练习方法。重复练习法是一种非常基础的练习方法,它可以应用的场合非常多,但并不是每种运动项目都适合使用这种方法。究其适用范围来看主要有两个方面:一个是适合那些运动负荷较小或用时较短的项目;另一个是适合那些动作技术比较复杂、难于掌握的项目或者运动负荷较大、难以一次完成的练习。

在采用重复练习法时,都会将重复练习的次数进行一定的分组,每组间要安排一定的休息时间,此外还要求每次都要合理确定和固定(每组)练习的距离、时间、强度和练习总次数。在此之后,就要确保每组练习甚至是每次重复动作完成的质量。重复性练习往往会给人较为枯燥的感觉,因此,运动指导者应在其中加入一些趣味性元素以缓解这种练习的单调感。

(二)循环练习法

循环练习法,是指将一些具有不同锻炼效果的项目按一定次序进行排列,然后按一定顺序做重复练习的方法。通过使用循环练习法,可以使健身者在多种运动项目的技能培养中受到理想的效果,同时这对健身者的身体综合素质的发展也有很大帮助。

在大众体育健身活动中使用循环练习法需要注意的是务必要秉承

全面性原则对所需项目进行合理搭配,特别是对青少年健身者更应如此,以确保他们在运动中除了能锻炼到四肢、躯干等运动系统机能外,还能锻炼到他们的外在身体形态等全面素质的提升。而这就非常依赖于搭配出合理的项目。

（三）变换练习法

变换练习法,是通过对练习内容、强度和环境等因素进行变化而进行的练习。要想使变换练习法在大众体育健身中发挥出本该有的功效,应注意以下几点。

（1）务必要在健身者的实际健身需要的基础上确定一个长远的健身计划,这样可以让健身者对练习有一个适应过程。

（2）根据健身者的实际运动情况不断调整健身计划和健身手段,做好健身者信息的总结与收集工作,从而为下一阶段的练习奠定好基础。

（3）变换练习法具有周期短和非经常性的特点,这就决定了变换练习法的使用不应是长期的,而是根据需要选择的。为此,当健身者获得变换练习法的成果后就应尽快转入到常规练习的阶段。

（四）持续练习法

持续练习法,是以保持有价值的负荷量为主要目的而不间断地连续进行活动的方法。这种练习法的功能在于以维持在一个水平上的负荷量作为基本方式,以使健身者的身体得到充分锻炼。

最好的健身效果的获得应该将持续练习法和重复练习法、间歇练习法等相结合,让这三种练习法在健身过程中得到统一,发挥各自练习法的优势。持续练习法的使用时间的确定应以负荷价值的有效范围为依据,如此才能确保机体的各个部位长时间地获得充分的血液和氧的供应,这也能加强机体有氧代谢的能力。

（五）间歇练习法

间歇练习法是在两次练习之间安排一个休息时间,但这个休息时间不应长到使健身者的体能完全恢复。这种练习法在针对青少年的健身锻炼中经常使用到。

对于间歇时间的确定,要以健身者的身体机能状况作为依据,这是运动科学性所要求的。运动水平相对较低的健身者的间歇时间可适当增加,反之则按照标准间歇时间或稍少于标准间歇时间安排即可。具体的适宜时间的安排可根据心率来确定,通常心率为每分钟120次左右是较为适宜的间歇时间。这里需要说明的是,所谓的间歇中的休息时间并非是完全的身体静止的休息,而是应采取如慢跑、按摩和深呼吸等积极性休息的方式来获得休息,这有利于身体加速血液回流,确保体内氧的供应。

二、有氧运动健身方法

在众多运动项目中,属于有氧运动的种类非常多。最常见的有氧运动有慢走、慢跑、登山、自行车骑行、游泳等。这里以游泳和自行车骑行这两项运动为例进行说明。

（一）游泳

游泳,是一种借助水的浮力,并以人的机体的支撑力和推进力在水中移动的运动。早期游泳是军事训练中的组成部分,后经长期发展,最终成为人们日常生活中的一种自救技能以及休闲放松、锻炼身心的运动。

游泳是一项非常理想的有氧健身项目,长期坚持参与这项运动可使人的整体体质得到明显改善,同时还对人的意志品质等有较大帮助。这些良好的运动效益都使得游泳成为时下大众体育健身中人们最为喜爱的项目之一。

如果是以游泳作为锻炼身心的大众健身者的话,以下几种游泳的方式可以给他们带来足够的效益。

（1）嬉水,即水中"法特莱克"（速度游戏）。具体为健身者可在水中以不断变换的姿势或不同速度游进。这是一种较为随意的游泳方式,对各种运动元素都没有太严格的要求,因此这样对健身者的体力消耗不大。

（2）重复性慢游。安排一个距离,如慢游25米,在反转点时稍微休息一下,待体能恢复后再慢游25米。

（3）定额游泳。就是安排一个规定的时间或距离进行游泳。这对游泳的运动元素的确定较为严格。通常这种游泳方法对于那些游泳能力较好的健身者更为适用。

（二）自行车骑行

自行车骑行是非常理想的有氧健身项目，在时下也是较为流行的绿色时尚健身项目。

从运动形式上看，自行车骑行是一项周期性重复运动，运动强度可大可小，在运动过程中身体需要大量的氧供应。在骑自行车时，人体中有一百多块肌肉参与活动，可见其对人体肌肉的调动是非常积极的。经常骑自行车的人，其心肺功能、循环功能等都能得到显著改善。此外，这项运动还能提高人的平衡力和协调性。给机体带来的多种益处使得自行车骑行运动越发受到人们的喜爱和参与。

为了使健身者能更好地从自行车骑行运动中受益，在运动中要始终保持正确的骑行姿势和正确的呼吸方法。特别是要将呼吸融入运动当中，使呼吸和运动的节奏一致。具体来说，呼吸要与车速配合，骑车时，最好采用腹式呼吸的方法，尽量用鼻腔呼吸，从而有效避免尘土异物进入口腔引发不必要的感染。

看似简单的自行车骑行运动实际上也有很多种方法，较为常见的有慢骑行、定时骑行、定距离骑行、变速骑行和间歇骑行等。

三、休闲健身手段与方法

现代社会的发展在各领域都带来了很多的新变化，其中也包括休闲体育活动种类的丰富，如此使这类活动成为人们生活中不可或缺的组成部分，为人们的身心健康和生活质量的提高给予很大的帮助。具体来说，休闲健身的具体形式主要有以下三种。

（一）非运动性休闲健身活动

在现代，体育观赏市场已经较为发达，这是体育产业中的一项重要组成部分，其背后所带来的经济效益非常可观。只是观赏高水平竞技体育运动赛事的这种行为，就可以称得上是大众参与的一种非运动性休闲健身活动。人们从体育竞赛欣赏中能领略到运动员的高水平运动技艺，这会极大刺激观赏者感官，使其精神获得愉悦的感受。除了欣赏到运动员的精彩技艺外，运动员所展现出的拼搏精神和高尚的体育道德也能对观赏者起到教育和引导作用，这对于观赏者个人的自我修养也是有所助益的。

人们对高水平运动员的比赛欣赏的点在于运动员的健美体形、挺拔的气质、高超的技艺、漂亮的服装和体育道德等。此外,在欣赏体育运动中还有许多非常值得欣赏的元素,如热烈沸腾的现场气氛、教练员的执教艺术、裁判员的执法能力以及有着精妙设计的体育场馆等。

通过上述可知,欣赏体育运动也是一种自我陶冶情操、休闲娱乐和学习运动技艺的好方式。为了更加突出这一作用,在欣赏体育运动时应注意做到如下两点。

第一,挖掘更加新颖和具有十足观赏性的体育运动,以使体育运动观赏者的观赏内容得到不断充实。

第二,不断提升自身的运动能力和观赏能力。体育运动供人们观赏除了有促进人的健身意识提高外,还承担着宣传文明、弘扬真理、营造团结的重要途径和方式。因此,特别是来到现场观赛的人要秉承文明观赛事、理智对输赢的态度维护赛场秩序和气氛。

这些都是有效提升观赏者欣赏赛事水平的途径。

（二）运动性休闲健身活动

运动性休闲健身活动包含非常丰富的内容,可将其具有代表性的项目分为两大类,一类为球类运动,另一类为休闲类运动。休闲类健身活动有多样的体育游戏、跑步、自行车骑行、登山、远足、体育舞蹈、健美操等。实际上,大众所参与的全民健身运动更多是这一类型的项目,它对健身者起到健身健美、消遣娱乐、陶冶性情的作用。之所以如此,在于这类运动对健身者的体能或运动技能的要求较低,也就是健身者的参与门槛较低,人人可参与,并且这类运动的运动环境相对较为优雅舒适,如此更能让健身者在运动当中得到身心两方面的舒适感。

（三）智力性休闲健身活动

智力性休闲健身活动主要为益智类活动,如象棋、桥牌等。尽管这类运动的主要活动部位为人的大脑,几乎没有身体运动系统的参与,但无可置疑的是,脑力活动也是活动的一种。现如今,桥牌、围棋、象棋等项目都被纳入到了体育运动项目的范畴中。

智力性运动广泛适合任何阶层、年龄段和性别的群体参与,是日常寓教于乐、修身养性的绝佳活动。智力运动可以有效调动人们的思维,使其更加活跃,对事物进行思考的思路更为广阔。这对儿童、青少年和老年人来说益处更多,特别是其对提升和维持人的记忆功能也有很大的帮助。

尽管智力性休闲健身活动也是一种对人有着良好效果的活动,但不建议长期在这一领域中,特别是喜爱这类智力性运动的青少年和儿童,在参与一段时间后也要参加一些身体活动较多的运动,否则长期保持身体静止地参与益智类项目活动会降低身体机能和抵抗力,进而诱发疾病。

第四节　不同季节的体育健身方略

长期参与体育健身活动才能收到较好的健身效果,这是众多体育健身爱好者所熟知的常识。这样一来,体育健身运动就成为一年四季都应参与的活动,然而在不同的季节中参加运动有许多关注的方面,特别是要根据季节的变化对体育活动进行适当的调整,同时需要调整的还有健身者的服装等运动装备,以此来保证健身锻炼的安全性、科学性以及有效性。

一、春季体育健身

（一）春季的季节特点

我国传统观念认为"一年之计在于春",春季是万物复苏的季节,因此,在这个春意盎然的季节参加体育活动是再合适不过的了。日常人们在春季总是会感到一些困乏,出现这种情况的原因是人在经历了整个冬天后,体内新陈代谢处于较低水平,身体耗氧量也很少。春天到来后,人的新陈代谢会加快,体内也就需要大量的氧供应,但此时身体的供氧能力还没有完全恢复,如此就会导致人的身体更容易感到困乏和不适。如果出现"春困"的问题也不用着急,通过下面的方式和方法就可以很快克服。

第一,合理调整生活作息。出现"春困"的状况总是会表现出缺乏睡眠的状况,为此,补充足够的睡眠是最为基本的做法,即做到早睡早起、保证睡眠时间、提高睡眠质量。

第二,注意膳食平衡。补充足够的营养也是克服"春困"等一系列身体不适的方法。足够的营养摄入是使身体状态得到恢复的方式之一,但在众多营养的摄入中应注意不要补充太多的蛋白质,多吃蔬菜、少吃肉,同时还要注意补充足够的微量元素和矿物质,对这些物质的补充都是解决"春困"问题的关键。

第三,多参与体育活动。经常参加健身锻炼可以使人体新陈代谢达到正常水平,同时也使身体对外界环境的适应能力得到加强,这样一来,人的精力和体能也会逐渐呈现上升趋势。

(二)春季进行体育健身锻炼的重要意义

在春季这个万物复苏的季节开始体育锻炼对恢复身体状态和调整心理都有着非常大的作用。在这个季节里,鸟语花香、初绿萌生,这让空气变得更加新鲜,氧气含量更高,这对于参与运动的健身者来说可有效帮助他们消除疲劳、放松精神,因此,森林浴就成为春季体育健身最好的选择。森林浴对于人体正气的培养,防病抗邪等都有着非常显著的效果。不过,要想切实从春季锻炼中获得效益,还需要健身者首先对自身的身心状况有一个详尽了解,这是锻炼获得成效的基础。在此情况下,春季健身计划才能确定下来,否则盲目开始运动不仅不能带来好的效果,相反还可能会给身体带来损害。

(三)春季进行体育健身锻炼的科学指导

在树木和花草较多的场合进行春季体育运动是再合适不过的了。当选择了合适的运动地点后,适合春季开展的体育运动内容主要有以下几种。

1. 散步

在遍布绿色和春意盎然的环境中散步本就是一件让人感到非常惬意的事情。散步虽然是一种运动负荷相对较小的运动形式,但如果能够经常进行也能让身体各个关节和肌肉进入到良好的运动状态之中,体内脏器和各系统功能也能在潜移默化中得到调节,这对于细胞新陈代谢会起到积极的促进作用。

2. 做体操

在树林中做体操可以舒活筋骨,拉伸韧带,调动骨骼和肌肉的状态,为一年身体获得良好状态打下基础。

3. 推拉运动

用手抓住树木的某个部位,全身随手臂的屈伸做来回推拉运动。这种健身方式除了能调节身体的运动状态外,对上了年纪的健身者来说也是缓解头、肩、腰背等部位不适的好方法。

4. 闭目养神

实际上,在树林中仅仅是闭目养神就是一项有着不错效果的休闲方式。在相对静谧的环境下,大脑会得到最彻底的放松,这对人的神经系统调节有着很好的效果。另外,这种方式对那些有神经衰弱、失眠等方面困扰的人有理想的疗效。

5. 腹式呼吸

采用腹式呼吸的方式为:深吸一口气,在 15 ~ 20 秒内将气缓慢彻底呼出,然后用鼻呼吸 10 ~ 20 秒吸满气体,暂停呼吸五秒钟左右。如此反复做这一练习 10 ~ 15 次。该练习可使体内脏器得到有效调和。

6. 日光浴

在树林中进行日光浴是借助了树林中树叶对多余阳光的遮挡后,让身体获得适当的阳光照射,这有助于人的体质增强。

二、夏季体育健身

(一)夏季的季节特点

夏季普遍气温较高,湿度较大。在这样的天气下会让人有一种不运动都会出汗的感觉,所以有些人在夏季就停止了运动。事实上,夏季是人体新陈代谢最为活跃的季节,在此季节只要做到运动量适当,进行运动健身是非常合适的,往往更能取得理想的健身效果。再加上炎热的气温和运动者身着短衣短裤,使人的排汗更为顺畅,且在运动完后也不容易着凉感冒,由此可以说夏季是理想的运动季节。

(二)夏季进行体育健身锻炼的重要意义

"冬练三九,夏练三伏"这句谚语所表达的是,越是在环境恶劣的情况下越要开展体育锻炼,这会更有利于身体体质的提升以及对环境的适应能力。这里主要就在夏季炎热的环境下运动来说明,在这样的环境下运动,人体的毛细血管更加扩张,体腺开放加速,如此来增加人体的散热能力。在夏季进行运动无疑更能加快人的新陈代谢,促进体质的整体提升,因此也就有了"夏练三伏"的说法。

(三)夏季进行体育健身锻炼的科学指导

由于夏季气温较高,在这个季节进行体育锻炼更加需要科学的指导。具体来说,在夏季开展体育锻炼应注意以下几点。

1. 不要在高温环境下进行健身锻炼

尽管夏季的气温较高,但在一天中也有相对气温较低的时候,此时就是健身运动的好时间。与此同时,还应注意参加的运动要有适宜的运动量,避免长时间参加强度较大的运动。在室内参加运动时要注意将空调温度调整到合适的区间。阳光强烈的正午到下午3时这个时间段尽量不要参加户外运动。

2. 做好水分的补充工作

夏季炎热的天气会让运动者的排汗量增加,体内水分流失较快。因此,夏季运动的补水就显得非常关键。正确的补水方法为在运动前半小时内喝大约800毫升水。如果是在户外进行体育运动且时间超过30分钟,则需要带水,以便随时补充水分,所补的水最好为含一定电解质和钠盐成分的水。

3. 注意膳食平衡

夏季的膳食平衡主要为每日摄入的食物要增加蔬菜水果的比重,少吃一些油腻的食物和过多食用肉类。就运动的营养补充来说,在运动前2小时可适当吃一些主食或水果之类的食物,如此既能让运动者在运动中没有饥饿感,也能使因摄入热量过低而导致体力不佳的情况得到有效避免。

4. 运动强度要适当降低

尽管在夏季也要坚持运动,但也应适时对运动项目、运动强度进行调控。就运动项目来说,最适合夏季参与的是游泳运动、室内滑冰等,此类项目兼具健身和降温的双重作用,在夏季开展最为理想。另外,在运动期间也要注意配合一定的休息时间,让身体有一个短暂的恢复,如此更有利于以最佳的状态投入到接下来的运动中。

5. 运动后的补充

夏季运动过后的补充对人体从运动的消耗中恢复和缓解疲劳也是非常重要的。水是运动后需要及时补充的物质,此时的补充要遵循少量多次的原则,不应过猛过快过多地饮水,这会突然加重心脏及多种脏器的工作负担。食物也是运动后需要补充的,运动后不应立即进食,此时运动者的食欲也不会很好,而是要在运动后休息一段时间后进食,注意所进食物最好为常温,太冷和太热都不可取,特别要注意太凉的食物更不能贪恋。

6. 不可采取急剧降温的方式

在夏季运动时人体的体温会有所升高,运动者本身会感觉酷热难耐,因此有些运动者喜欢在运动结束后用凉水浇头,或是洗冷水澡、直接吹电扇、走进空调房纳凉等举动,这些都是非常不合理的,甚至对身体有害。

7. 防暑措施非常有必要

在夏季的户外进行运动要做好必要的防暑降温工作,准备好相应的设备和用品,如运动墨镜、遮阳帽等。出门前要涂好防晒霜,另外,还应携带一些清凉油、藿香正气水(丸)等备用,以防中暑。

三、秋季体育健身

(一)秋季的季节特点

秋季是夏季和冬季的过渡季节。这个季节的特点主要有温度逐渐由热转凉,然后是由凉转寒。

(二)秋季进行体育健身锻炼的科学指导

秋季体育锻炼的科学指导主要有以下几点。

1. 合理选择和增减衣物

秋季与夏季在气温上已经有了很大的不同之处,表现为初秋的温度尽管有时也高,但与夏季相比已经高得不那么"纯粹"了。特别是在清晨和傍晚,气温已经开始有了明显偏低的情况。在这一时段锻炼就需要特别关注增减衣物。

2. 及时补水,防止秋燥

秋季参加体育锻炼更需要注重补水,日常也应该多进食一些含水量较多的水果,并少量多次的补水。

3. 要遵循循序渐进的原则

体育健身锻炼要循序渐进,安排恰当的运动量,并要根据身体对运动的适应程度灵活调控运动量,如此健身才会给身体带来好处。

4. 做好安全保护工作,避免损伤事故发生

深秋季节的气温已经有些偏低了,在这样的环境中运动会让人的肌肉和韧带出现反射性血管收缩的现象,同时关节的活动幅度也有所减小,这种情况下非常容易增加出现运动性损伤的概率。因此,在做好准备活动的同时,运动保护措施到位是避免运动事故发生的关键。

5. 不要空腹健身锻炼

现在很多健身者热衷在早晨进行健身运动,且是在运动之后才开始吃早餐。实际上这是不值得提倡的。这样的方式会使得运动者感到格外疲惫和乏力,甚至出现低血糖的症状。因此,早上进行体育锻炼前必须要适量进食,且在一定休息时间后再行运动。

6. 饭后不宜马上进行体育健身锻炼

现代人的生活总是非常忙碌,留给人们的可选择的运动时间有限,

为此,很多人就在饭后进行运动。但是,在饭后立即运动并不利于健康,饭后过多血液涌向胃部参与食物的消化,如此也使得人们的运动状态不佳,还更容易积累疲劳。一般来说,应在饭后 1 小时之后再进行体育锻炼。

7. 选择适宜的场所进行晨跑锻炼

秋季的空气通常较为清新,此时在树林路径中呼吸着新鲜空气慢跑是非常理想的锻炼方式。

8. 保证良好的睡眠

良好的精神状态对健身者来说是非常重要的。而良好精神状态的获得最主要的方式就是高质量的睡眠。

四、冬季体育健身

(一)冬季的季节特点

我国的冬季是一年中气候较为寒冷的季节。冬季的冷空气对人身体的影响主要表现在引起表皮血管收缩上,如此会使血液在体内的流动不畅,如此也会影响热量向体表的传递。对于一些易感人体来说,冷空气能诱发心绞痛或哮喘等疾病、上呼吸道疾病的发生。严重者,还会导致冻疮等的发生。因此,这就要求体育健身锻炼者的衣着要保暖,避免冻疮的发生。当然,寒冷的天气也阻碍了许多人来到户外参加运动的欲望,致使很多有运动习惯的人在冬季会转而来到室内参加一些室内运动。

(二)冬季进行体育健身锻炼的科学指导

由于冬季气温偏低的缘故,在这个季节进行体育锻炼更加需要科学的指导。具体来说,在冬季开展体育锻炼应注意以下几点。

1. 运动前要做足准备活动

人体在冬季中本来状态就欠佳,而将身体状态调动到适合运动的状态也更难一些。因此,在正式运动之前,做好充分的准备活动是非常必要的。准备活动可以是身体各部位的拉伸操并结合一些体育游戏,也可以是以慢跑的形式进行。

2. 不要在雾天进行体育健身锻炼

我国的冬季,特别是北方城市的冬季总会伴随雾霾的出现,雾霾中裹挟有大量的尘埃、病原微生物等有害物质,在这样的天气下进行体育运动会由于运动中呼吸量的加大而吸入更多的有害物质,反而不利于身体健康。

3. 养成用鼻子呼吸的习惯

冬季在室外进行运动应使用鼻子呼吸,其好处在于可以有效滤清空气,使气管和肺部不受尘埃、病菌的侵害。还有一点是因为通过鼻子呼吸可以将较冷的空气进行一个短暂的加温过程,如此不至于让冷空气对肺部造成刺激。

4. 要做好保暖工作

在冬季室外进行运动时务必要做好保暖工作,但也应注意穿着的服饰不要太过臃肿和不透气。在刚开始运动时身体还没有完全热起来,此时不要立刻脱掉外衣,待身体随着运动开始热起来后再一点点脱掉外套外衣。运动结束后要及时穿上外衣外套,然后擦掉体外,特别是头上的汗水,以防止感冒。

5. 不宜早起外出锻炼

冬季早晨的空气实际上并不算太新鲜。相关研究和测试显示,冬季的一天中,空气质量最好的时间段应是下午 4 时左右,因此在这一时间段锻炼对身体最为有益。

6. 不要在极冷或大风中锻炼

冬季中总是会出现一段时间的极寒天气或大风降温天气,如果遇到这样的天气不建议再到室外环境中锻炼。

7. 科学处理锻炼者低体温的问题

冬季在室外开展运动,特别是一些冬季运动项目,可能会让一些健身者出现体温偏低的问题,这需要引起人们的重视。一旦出现体温偏低的情况,要及时让健身者离开寒冷环境,来到较为干燥和避风的地方缓解,有条件的还应换上干衣服、喝热水。

第五章

全民健身的科学保障理论与举措研究

全民健身活动的开展要在一定的保障下进行，如此才能使活动更加安全、可靠和有效。这些保障主要包括营养补充、运动性伤病恢复、运动处方的制定以及健身效果评价等方面。本章就重点对上述几种全民健身的保障理论进行阐述。

第一节　大众体育健身的营养保障

人们参与大众健身活动需要付出一定的体能，即消耗了自身的能量。为此，每次运动完后就需要补充足够的营养，以此来弥补运动中丢失的那部分。运动前和运动后都要进行适当的营养补充，运动过程中也要注意随时补充水分。鉴于营养种类的多样化及其补充方法的不同，这里就需要进行一些说明。

一、常见营养物质的补充

（一）蛋白质的补充

1. 蛋白质的补充

蛋白质食物提供的热量可占总摄能量的 20% 左右。当人体的糖或其他能量的摄入足够时，在参加运动的那天运动者需要补充蛋白质 1.0～1.8 克／千克体重。如果是长期参加大众健身运动的运动者，在选择食物时应特别选择那些较为优质的含蛋白较多的食物摄入。

2. 蛋白质补充过量的副作用

蛋白质的补充并不是越多越好，它有一个每日的最佳摄入量，为低于 2.0 克／千克体重。超过这个量的蛋白质摄入会给身体带来一定的副作用，具体如下。

（1）体液排出量增多，且可能附带摄入过多的脂肪。

（2）尿钙排出量增多。

（3）给肾脏增加负担。

（二）糖类的补充

糖是人体中主要的能量供给来源。对于经常参加运动的人来说，及时和适量补充糖分更加重要。运动补糖需要在运动的前、中、后三个阶段都有进行。

1. 运动前补糖

运动前 1～4 小时补糖 1～5 克／千克体重。需要注意的是，在运动前的补糖不要在距运动仅有 30 分钟内进行。

2. 运动中补糖

每隔 20 分钟补充含糖饮料，少量多次。

3. 运动后补糖

运动者在运动后的补糖应尽早进行，最好运动后即刻补糖，然后每隔 1 小时补糖一次。

（三）维生素的补充

1. 补充维生素的必要性

（1）以维生素 C 为代表的众多水溶性维生素在运动时会加速通过汗液和尿液排出体外。

（2）经常参加运动会加速体内的代谢过程，使维生素利用和消耗增多。

2. 与大众健身运动关系密切的维生素

（1）维生素 A

维生素 A 具有保护角膜上皮防止角质化的作用。因此，对于那些对观察力有一定要求的运动项目来说，补充维生素 A 就显得非常重要。

（2）维生素 B 族

大众健身运动与维生素 B 族如维生素 B_1、B_2、B_6、B_{12} 等都有密切关系，以维生素 B_6 为例，其是氨基酸脱羧酶的辅酶，参与蛋白质的分解与合成。身体中的维生素 B_6 不足会影响力量素质的提升。

（3）维生素 C

维生素 C 在氨基酸和蛋白质的代谢过程中都有参与。身体中的维生素 C 不足时，会导致白细胞的吞噬功能下降，身体抵抗力降低，而且也不利于机体自身的修复。

（4）维生素 PP

维生素 PP 是构成脱氢酶的辅酶的成分，其在有氧和无氧代谢以及脂肪和蛋白质代谢中都有参与。身体内维生素 PP 含量不足时，会降低机体的有氧耐力和无氧耐力水平。

（四）运动与补液

1. 大众健身运动中补液的原则

（1）预防性原则

防止出现脱水现象，维持运动能力。

（2）少量多次原则

应以多次补水，每次补水量少为方式。一次性过多补水会对胃肠道和心血管系统造成负担。

（3）补大于失原则

为了能维持良好的运动能力和快速恢复体力，补充的水要以稍多于流失的水为标准，同时还要关注随水（汗液）流失的钠的补充。

2. 大众健身运动中补液的措施

（1）运动前补液

运动前的补液以摄入饮料的形式进行。所补饮料中因包含足量的电解质和糖。具体的补充方式为在运动前2小时可以饮用400～600毫升的运动饮料，少量多次，不可一次过多，以防止在运动开始不久后就想排尿。

（2）运动中补液

运动者处于运动中时是排汗量最大的时候，因此，运动中补液非常重要，它可以维持运动者体内的体液平衡，保持身体机能正常运转。运动中补液同样是少量多次，每隔15～20分钟补充运动饮料150～300毫升。注意避免饮用温度过低的饮品，这会对肠胃系统有较大的刺激。一般来说，适宜的饮品温度为低于环境温度5℃～13℃为宜。

（3）运动后补液

运动后要及时补液，以弥补运动中丢失的体液。运动后的补液以饮用糖含量为5%～10%、钠盐含量为30～40毫摩尔/升的饮料为宜。

二、开展运动营养补充的误区

（一）忽视基础膳食

许多人在营养摄入中更多将补充的重点放在特殊营养上面，而忽视了基础膳食中的营养。确实，一些特殊营养的补充在提高身体机能，满足一定所需方面有很强大的功效，但过多补充这类营养会造成营养结构不合理的情况。

事实上，特殊营养的补充是以基础营养平衡作为基础的。只有在基础膳食营养摄入充足、合理的情况下，特殊营养的补充才能显现出较为明显的功能。

（二）吃糖容易发胖

尽管摄入糖类会导致能量物质转化为脂肪使身体发胖,但单纯认为摄入糖就会使身体发胖显然是一种片面的认识。糖是身体运动和大脑思考所必需的元素,其对身体的重要程度可见一斑,摄入糖是维持身体运转所必需的,只要能控制好糖的摄入量与消耗量就不会使身体发胖。

一般来说,人体摄入糖被消化吸收以后随血液循环被肝脏、肌肉、脑组织等吸收、贮备和利用,只有当糖的摄入过多,多于身体需求的时候,才会转化为更多的脂肪用于存储能量。如果当人经常参加运动量较大的运动,体内糖的消耗就会增加,此时应通过膳食补充体内流失的糖。体内糖的恢复也能促进运动者从疲劳中快速恢复,如此可以以更加饱满的状态和精神参加到下一次运动当中。

现代人对于完美外在身体形态的追求可谓达到了痴迷的状态。为了保持看起来较瘦的身体,宁可少吃或干脆放弃吃淀粉类主食,长此以往必定会造成糖摄入的不足,形成了"糖营养不良"症,如此反而不利于健身运动获得良好效果。

（三）有肉才有营养

人体可以通过进食各种肉类来补充蛋白质。蛋白质是机体重要的营养物质之一,为此,人们非常热衷以进食肉类来作为补充营养的重要食物。但如果只是认为肉是有营养的而吃了太多的肉,就会导致蛋白质、脂肪摄入过多的现象,这对健康也是不利的。

（四）炒菜可补充维生素

我国传统菜肴的制作方法是以煎、炒、烹、炸作为主要方式的。为此,烹调油的使用就非常普遍,且炒菜都是在高温环境下进行的。殊不知,这种高温环境会导致蔬菜中的维生素有不同程度的丢失。因此,如果只是以进食炒菜来补充维生素还是可能会有维生素补充不足的情况。只是从健康和维生素补充的角度来看,多吃生菜和水果是人们补充维生素最为理想的方式。

第二节　大众体育健身的伤病恢复保障

一、大众健身中运动性损伤的防治方法

（一）挫伤

挫伤，是指某身体部位受到外力直接打击而造成的损伤。在许多运动项目中都可能出现挫伤的情况。发生挫伤后，通常表现为伤处疼痛、浮肿、有淤血等。严重的挫伤还可能会破坏其他器官及组织的完整性。

1. 手指挫伤

手指挫伤的原因主要为在运动中手部动作不正确、手指过于紧张伸直并受到外力撞击导致的。篮球、排球等运动中出现手指挫伤的情况较多，特别是在篮球运动中，运动者在做接球和抢断球动作时容易出现手指挫伤的情况。

损伤症状：受伤部位的手指及周围出现肿痛，痛感会因压迫而更加剧烈，受伤手指暂时失去应有功能。

处理方法：冷水冲淋或冰点冷敷，休息几日便可恢复。

2. 面部挫伤

面部挫伤多为面部受到外力撞击所致。这种损伤多出现在如足球、篮球、散打等对抗性较强的项目中。在面部挫伤损伤中，还可能会由于撞击部位在眉弓区域而导致眉弓出血。

损伤症状：

（1）临床上都有急性外伤史。

（2）伤处有明显肿胀，且肿胀逐渐加重。

（3）若受到撞击的部位为眼眶、眉区等位置，严重的肿胀甚至会挤压眼皮，使视线受阻。

处理方法：

（1）面部遭到挫伤后应立即进行冷敷。

（2）如果出现裂伤，应在应急处理之后接受清创缝合手术。

（3）如果因面部撞击导致牙齿掉落，则应接受牙科治疗。

（二）肌肉损伤

1.肌肉拉伤

肌肉拉伤，通常是由于受到外力作用导致的肌肉过度收缩或拉长形成的损伤。在运动者参加大众健身活动时，经常会由于准备活动不充分、技术动作不规范、体能储备不足等情况在运动中出现肌肉拉伤的情况，而最常见的就是大腿后部屈肌的拉伤。

损伤症状：

（1）运动者做出了可能导致受伤的动作，或是运动过程中出现了明显的受伤过程。

（2）拉伤部位肌肉紧张、僵硬、有肿胀和痛感，有时还可能出现内出血的情况。

（3）拉伤后相应部位的肌肉如果再做活动会加剧痛感，由此使得拉伤部位的功能出现障碍。

（4）触摸伤处可摸到凹陷或出现一端异常膨大。

处理方法：

（1）轻度肌肉拉伤可首先对患处进行冷敷，并采取局部加压包扎的方法处理。抬高患肢让运动者休息。

（2）伤后的2天内都是适合做理疗和按摩治疗的。如果采用按摩疗法，应选择较为轻柔的手法，特别是对伤处的按摩更要以轻推摩为主，再配合上点穴疗法效果更佳。

（3）严重的肌肉拉伤应首先进行局部加压包扎，然后送往医院进一步治疗。

2.肌肉痉挛

肌肉痉挛，俗称"抽筋"，是一种较常因为大量排汗流出体内电解质、肌肉收缩舒张失调或处于冷环境下等导致的肌肉僵硬现象。人体的腓肠肌、足底屈拇肌和屈趾肌等是最容易出现肌肉痉挛的肌肉。而对于运动来说，那些对能量消耗较大的项目更容易出现肌肉痉挛，如足球、游泳、长跑等。不仅如此，在一些运动中如果运动者排汗较多，体内水分快速流失，伴随丢失了过多电解质，如此也会导致肌肉痉挛。另外，活动前的准备活动不充分,活动过程中太过紧张等也会引起肌肉痉挛。

损伤症状:肌肉痉挛时,痉挛肌肉会变得僵硬无比并伴随剧烈疼痛,此种情况可能会持续数分钟,此后会逐渐缓解,恢复正常,但痉挛肌肉还是会有些微痛感,并且在逐渐恢复的过程中还可能再度僵硬。

处理方法:

(1)对痉挛部位的肌肉进行牵引,这是缓解痉挛最快速的复发。牵引方向为肌肉痉挛的反方向。牵引动作要适当,从轻到重逐渐用力,切不可上来就使用暴力牵引。

(2)严重的肌肉痉挛可使用麻醉法缓解。

(三)关节损伤

1.肩关节损伤

肩关节损伤,是由于肩关节反复旋转或动作超过关节活动范围导致的肩袖肌腱和肩峰下滑囊受到肱骨头与肩峰或喙肩韧带的挤压、摩擦和牵扯形成的损伤。因此,这种损伤多出现于肩部活动较多的运动中。

损伤症状:损伤处有明显痛感,相应部位的活动出现部分或完全功能的障碍。

处理方法:

(1)当出现肩关节损伤时应立即停止运动。

(2)适当采用上拉肩部和上臂的方式帮助肩关节的恢复。

(3)采用按摩、针灸、理疗等方法进行治疗。

(4)严重的肩关节损伤,甚至肌腱断裂,要立即送往医院做紧急治疗。

2.肘关节内侧软组织损伤

造成肘关节内侧软组织损伤的原因主要为运动冲击导致的肘关节被动外翻和过伸情况,或因摔倒做出的前臂保护性动作导致的肘关节外展、外旋支撑的致伤。

损伤症状:

(1)伤后肘关节尺侧出现明显疼痛和肿胀,压触后有更严重的痛感。关节功能出现障碍。

(2)肘关节内侧软组织损伤常见为内侧韧带撕裂伤。如果伤情较为严重,则可能合并尺侧关节囊撕裂、肘脱位等其他组织的损伤。

处理方法:

(1)对损伤一侧的前臂加压包扎,此前用氯乙烷喷湿患处,将前臂旋前、肘屈 90° 位固定于胸前。

(2)伤后一周开始做临床治疗和接受康复训练,中后期还应加入一些阻抗负荷。训练中要做好一定的保护措施,以防止出现重复受伤机制的动作。

3. 肘关节脱位

关节脱位,是由外力作用导致的关节失去正常连接的损伤。肘关节脱位较多是因为倒地时前臂做保护性动作导致的,特别是后支撑保护身体的动作最容易出现关节脱位。

损伤症状:关节脱位后周围有肿胀并伴随剧烈疼痛,受损关节暂时失去功能。

处理方法:

(1)对患处喷涂氯乙烷进行麻醉,然后用绷带包扎,用医用托架托住受伤后的肢体位,并用三角巾固定于胸前。

(2)伤后第二天可以做一些有助于消肿和血液循环的握拳、转肩等练习。在去除了固定之后,继续做一些肘关节伸屈和前臂的旋转运动是非常必要的,这有助于防止关节出现粘连的情况。在做肘伸屈训练时要注意一开始的动作幅度不要过大,此后根据恢复情况逐渐增加幅度。

4. 踝关节扭伤

踝关节扭伤实际上是踝关节韧带的一种损伤。导致这种扭伤的原因多为踝关节过度内翻或外翻造成的关节内外侧韧带的损伤。

损伤症状:伤处有明显痛感,周围有肿胀,可能会出现皮下出血,对伤处施以压力后痛感更为明显。

处理方法:

(1)立刻停止运动,在先采取冷敷后进行加压包扎,抬高患肢休息。受伤 24 小时后可进行热敷和按摩治疗。

(2)严重的踝关节扭伤或出现韧带撕裂的情况,应送往医院接受进一步治疗。

（四）腰部损伤

1.急性腰扭伤

腰部扭伤更多是指腰部位置的软组织损伤。一些急性的腰损伤往往会伤及肌肉和韧带,有时关节也会在扭伤中出现损伤。多数的急性腰扭伤出现在腰骶部和骶髂关节,造成这种伤势的原因多为弯腰向上提重物等动作中出现。

损伤症状:受伤部位有明显压痛点,脊柱可能会发生弯曲度改变或出现侧弯等生理性变形,弯腰时出现疼痛,弯腰动作的屈度减小。伤后行走时受伤一侧不敢发力,对全身运动功能都会产生一定影响,即使是坐着,受伤一侧也不能正常活动和弯曲。

处理方法:

（1）尽量让伤者平卧休息,对患处进行冷敷。在没有确定伤势前不要轻易使用手法治疗。

（2）伤后第二天可逐步开展腰、腹肌肉力量练习,力量练习的负重应缓慢增加。练习后要注重肌肉放松。

2.腰肌劳损

腰肌劳损的出现一般是由于个体在患急性腰扭伤后未得到根治,且腰部的活动量和负荷量仍保持在较大的程度上,长期如此逐渐导致的腰部肌肉、筋膜、韧带等组织的慢性损伤病症。

损伤症状:伤者腰部有较为明显的酸、胀、痛等症状,在腰部有明显的压痛点,在进行完高强度运动之后这种感觉越发明显,甚至这种不适感还会放射至腰部周边部位,对运动者的生活都会构成影响。

处理方法:

（1）增加腰部、腹部的力量训练,"拱桥架势"和负重仰卧举腿是两种非常理想的练习方式。不过在练习中要时刻注意关注腰腹部情况,如果出现痛感或肌肉痉挛的情况,应在活动结束后做好放松活动,待获得足够休息,腰部无明显不适感后再行参加运动。

（2）应本着循序渐进、逐渐加量的原则安排"拱桥架势"和负重仰卧举腿等以改善局部血液循环为主的训练内容,练习时间通常为 3 ~ 5 分钟。如果在损伤发作期间,为避免伤势加重,应停止练习。

（五）骨折

骨折多为运动者在运动时受直接或间接的外力撞击造成的。

损伤症状：骨折发生时断处有剧烈疼痛和肿胀，患处肢体失去正常功能。严重时还伴有内出血或外出血，神经也可能受到损伤。

处理方法：

（1）不要随意移动肢体，使用夹板或其他长形且硬质的物品固定伤肢。

（2）如果伤口出血，应首先做止血处理。

（3）如果患者出现休克，则应对其进行人工呼吸。

二、大众健身中运动性疾病的防治方法

（一）运动中腹痛

运动中腹痛是一种运动者在运动中因生理和病理原因引发的腹部疼痛的疾病。出现这种情况的原因多为准备活动不充分、胃肠痉挛和呼吸紊乱等。

1. 症状表现

身体处于相对安静的状态中时没有腹痛症状，但在运动中或运动刚刚结束后会出现腹痛感，腹痛过程中没有其他伴随症状出现。腹痛出现的部位会与病变脏器的位置有关，如右上腹痛多为肝胆疾患或淤血导致；腹中部痛多为左上腹痛肠痉挛、蛔虫病导致；腹中上部痛多为胃十二指肠溃疡、胃炎导致；季肋部和下胸部多为呼吸肌痉挛导致；右下腹痛多为阑尾炎导致；左下腹痛多为宿便导致。

2. 预防措施

充分认真的准备活动，以及适当的健身项目选择和时间安排是预防运动中腹痛的好办法。在运动前不宜进食太多和饮水太多，确保餐后休息一小时以上的时间再参加运动。在运动中要注意对呼吸节奏的把控，应较多采取深呼吸的方式。如果运动中出现了腹痛状况，则应适当放慢运动的速度，减小运动强度，然后轻按揉腹部，待痛感缓解后再行恢复到原先的运动强度。

3. 处理方法

当在运动中出现腹痛症状时,首先要降低运动强度,采用深呼吸的呼吸方法,然后用手按压疼痛部位,如此大多数疼痛的症状会有所减轻。如采取这些办法后疼痛仍不减轻,甚至还有加重的趋势,就应停止运动。具体的处理方法为口服十滴水,用手指点揉内关、足三里、大肠俞等穴位。若为腹直肌痉挛,则可进行对应部位的按摩。如果在采取上述处理方法之后症状还不能得到缓解,则需要送至医院接受进一步治疗。

(二)运动性低血糖

低血糖,是一种在空腹时血糖浓度低于 50 毫克 / 分升,并连带出现一系列不良反应的疾病。运动性低血糖在运动强度较大的项目中较为常见,其患病原因为经过长时间大负荷的运动后,体内血糖消耗过多导致的。或者是由于在饥饿状态下开始运动,此时肝糖原储备不足,无法提供给运动的机体以足够的能量导致的。还有一种原因为交感神经活动增强和反应性肾上腺素释放过多及中枢神经功能障碍导致的低血糖症状。

1. 症状表现

轻度的运动性低血糖患者表现为倦怠、心烦易怒、面色苍白、身冷、心跳快速、呼吸急促、眩晕、手指有抖动、有明显的饥饿感等。重度患者视物模糊、焦虑、步态不稳、幻视幻听,最后意识丧失和昏迷。

2. 预防措施

适当的健身项目选择和时间安排是预防运动性低血糖的好方法。要求运动者每天的运动时间及运动量保持在相对稳定的状态下。如果某天要进行超过平日运动强度的运动,则需要在运动前适当增加进食量。避免在饥饿或空腹状态下运动。

3. 处理方法

首先让患者平卧,如果患者神志清醒可让其饮用浓糖水或吃一些食物,通常情况下在短时间内即可恢复。如果患者神志不清醒,则可针刺其人中、百会、涌泉、合谷等穴,待患者状况有所好转后立刻送往医院接受进一步治疗。

（三）运动性中暑

运动性中暑是由运动导致或诱发的一种体内热量积累过多造成运动者体内的过热状态。运动性中暑更多是在炎热的天气条件下长时间或大负荷运动而出现的,也可能是在身体极度疲劳、失水和缺盐严重的情况下出现。总的来说,出现运动性中暑的中暑患者,都是身体对高温环境适应能力较差的表现。

1.症状表现

在运动性中暑的前期有头晕、头痛的现象,随后会出现体温升高、恶心呕吐、皮肤灼热干燥的现象。严重的运动性中暑患者会出现心律失常、血压下降、精神失常、虚脱、痉挛等症状,甚至出现昏迷和休克。

2.预防措施

充分认真的准备活动,以及适当的健身项目选择和时间安排是预防运动性中暑的重要方法。特别是在夏季应将体育运动的时间安排在上午9点之前或下午4点之后,运动过程中要安排有适当的休息时间,在休息时间中运动者要补充用于防暑降温的饮料,如含电解质和糖盐的饮料。为满足运动中身体排汗和透气的需要,在运动时应穿着专业运动服或短衣短裤。合理运动负荷的安排,根据自身运动感受适当调节运动强度。

3.处理方法

运动性中暑发生前通常会有一些前兆,当出现前兆或轻度中暑的症状时,应马上停止运动并来到阴凉处休息,饮用清凉饮料、浓茶、淡盐水和解暑药物等。如果是程度较重的中暑患者,应立即移动其至阴凉处,让其平卧。出现中暑痉挛时,牵伸痉挛肌肉使之缓解;出现中暑衰竭时服用含糖、盐的饮料,并以重推的方式按摩其四肢。严重的中暑症状可用针刺其人中、涌泉、中冲等穴,待患者状况有所好转后立刻送往医院接受进一步治疗。

第三节　大众体育健身运动处方的制定

一、健身运动处方的基本构成要素

（一）健身目标

每一个参与大众健身的运动者都有各自的健身目标，事实上也不存在没有目标的健身行为。能够获得预期的健身目的是健身者参与相关活动的直接动机，不仅如此，健身目标还是确定运动处方种类以及制定运动处方的重要依据。制定针对各人或某个群体的运动处方要依据主客观的各种因素，鉴于健身目标的多样性特点，目标的主观性主要表现为个人对运动的兴趣爱好，这是以情绪为核心的意愿需要，这方面动机的强弱决定了人们能否坚持运动很长时间。常见的参与大众健身的目标有健身需要、休闲放松、人际交往、拓展业务等几种。而客观性主要是健康状况、疾病程度及身体的活动能力等身体客观状况产生的需要，即在人的身体不处于健康状态时促使人产生的运动动机。这是一种相对消极的健身动机，但在现实中这种动机驱使下的健身目标也影响了许多人参与运动健身的行为。

在调查和访谈过后，可以了解到我国参与大众健身的人口的健身目标主要为改善或提高身心健康状况，预防慢性病的发生、改善慢性病患者的健康状况。

对于运动处方的制定来说，健身目标是最为基础的一个先决要素。举例来说，偏向于锻炼人体力量和柔韧素质的运动处方，其目的在于通过锻炼，可以调高运动者某块肌肉或某一肌群的力量、肌肉体积、增加某些关节的活动范围、防治骨质疏松和关节疾病等；偏向于锻炼人体耐力素质的运动处方的目的则为提高人的心肺功能、减肥、控制和降低血压、降低血糖或减缓胰岛素抵抗等；康复运动处方中，其首要考虑的目标就应该是最终达到的康复效果，具体如恢复正常步态、恢复正常生活能力、达到可使用辅助器具行走、恢复参加训练和比赛的能力等。

（二）健身方式

对于健身运动来说，有氧运动是最为常见的一种形式，常见的有氧运动形式有走跑运动、自行车骑行和游泳等。这些项目有一个相对共通的点，那就是多为在户外环境下开展，因为在户外环境下开展对运动者达到健身效果更加有利，而在户外环境下进行运动，也更能赋予有氧运动以新的"境界"。正因如此，有氧运动成为大众更为青睐的运动方式。

抗阻力运动的效果主要体现在增强运动者的力量素质、平衡能力以及其他肢体的功能，同时还能有效预防骨质疏松和延缓衰老。做抗阻力运动给运动者力量素质带来的提升主要依靠杠铃、哑铃等重复性练习方式来增强肌肉力量和肌肉体积。如果是为了提高身体的平衡能力和塑形，抗阻力运动的负荷就要控制在中小强度。

伸展运动的效果主要体现在增加运动者的柔韧素质。通过伸展运动，运动者的关节活动幅度、肌肉关节的伸展度等会得到最大的锻炼。

（三）运动强度

运动强度，是指单位时间移动的距离或速度，或肌肉单位时间所做的功。对于运动处方的制定来说，运动强度是其中非常重要的一个要素。如果所设定的运动强度有误，不论是多还是少，都会给健身者的健身效果带来不利影响，健身目标也不容易达成。

为了设定一个合理的运动强度，应重点关注以下几点。

第一，运动者是否患有疾病。

第二，运动者的初始身体状态情况以及其适应运动强度的能力。

第三，对刚刚开始参加运动的人，确定其运动强度应先从下限起步，以后视其适应程度逐步增加强度。对那些经常参加运动的人，确定其运动强度则可以尝试强度范围的上限，以进一步激发其身体的潜能，但应在此之前征得运动者的同意。

第四，运动强度要与健身者的健身目的相同。

第五，运动者是否有服用心率干预类药物。

（四）运动时间

运动时间是衡量运动程度的一项指标，是指运动者维持运动过程所消耗的时间。在持续的周期性运动中，运动量的算法就是将运动时间与运动强度相乘。由此看出,只是通过运动时间这一单一数值,是不能判定运动者的运动量的。根据运动量的算法,只有固定住运动强度后,运动时间才能成为决定运动量的要素。

在制定运动处方时,确定好一个合理的运动时间是非常关键的。过短的运动时间无法对机体产生足够的刺激,但如果运动时间过长,也会给机体带来过重的负荷。因此,合理的运动时间应该是根据个人的具体情况、健身目的及运动强度来设置的。最简单的确定运动时间的方式为以每次运动时间积累能达到健身目的为准。

运动时间是整个运动过程的衡量标准。力量运动和柔韧运动的时间包括每组练习的时间、每组练习的间隔时间等。

（五）运动频率

大众健身中的运动频率,一般是指运动者每周参加体育锻炼活动的次数。人们要想通过大众健身的形式达到各种锻炼效果,但事实上,只偶尔或不定期参加运动是不能达到稳定效果的,而是要将健身的意识落实到行动当中,切实将健身行为融入日常生活中,逐渐形成长期、稳定的运动频率习惯。之所以如此,在于运动效果出现于每次运动时对人体产生良性作用的逐渐积累,即每次运动结束后都会产生一点良好效果,但这个效果是微小的,仅通过几次偶尔的运动是无法察觉的,然而如果是稳定且长期的积累,则最终会得到一个由量变到质变的蜕变过程。不过运动频率也不是越高越好,如果在一次运动后,运动对机体的良性作用还没有表现出来就开始了第二次运动,则此时累积的就是疲劳。由此看来,运动频率是决定健身效果的一个重要因素,对其进行的确定需要依据运动者的健身目的和他们的身体状况。

（六）其他注意事项

参与运动健身的个体的本质属性各有不同。因此,为了使每个人都能在运动健身中收获效益,同时确保运动安全,应在合理确定上述健身运动元素的基础上,同时做好一些其他相关注意事项工作。

二、健身运动处方的制定

（一）深入了解健身者的初始健康状态

对健身者的初始健康状况进行了解，是制定运动处方的依据之一。对这一状况的了解可通过与健身者的交流或问卷等形式获得。具体要了解的信息为健身者的现病史、既往病史及生活习惯，问询有无心脏病、肺部疾病、代谢疾病、中风和猝死的家族史；有无新的医学诊断或外科手术的现病史；有无关节炎、关节肿胀等问题；有无吸烟、饮酒或其他特殊嗜好。最值得注意的信息就是其是否患有或曾经患有过心血管、肺部和代谢性等方面疾病。其余主要内容还有如下几项。

（1）晕、眩晕或晕厥。

（2）莫名出现异常疲劳的情况。

（3）休息或中等体力活动时出现呼吸困难。

（4）端坐呼吸或突发性呼吸困难。

（5）心肌缺血造成的胸颈部不适或疼痛。

（6）心悸或心动过速。

（7）心脏杂音。

（8）脚踝水肿。

（9）间歇性跛行。

（二）健身者的生活状态与习惯

对健身者的生活状态与习惯有所了解是制定运动处方的前期工作之一。对运动者生活状态了解包括他们日常的工作模式、生活模式、作息时间等。这些信息揭示的是个人在生活中的体力消耗状况，这是决定运动处方中运动量安排的重要信息。

（三）运动处方的内容制定

在制定运动处方时，对其内容有一个基本的了解是非常有必要的。一个制定完备的运动处方应该可以显示出许多与运动相关的以及与运动者健身情况相关的详细信息。为此，在制定运动处方之前就需要与健身者进行充分沟通，对他们的基本情况有所了解，如有必要和条件，还可以对他们的健康状况、身体活动能力等进行测试与评估，这些结果都是制定运动处方的重要依据。具体来说，运动处方的内容应包括以下内容。

（1）健身者的姓名、性别、年龄、基础健康状况等基本信息。

（2）包括静息心率、血压、血常规指标、体脂、坐位体前屈等初始测试评价结果。

（3）健身目的。

（4）健身方式。

（5）运动强度。

（6）运动频率。

（7）准备活动项目与时间。

（8）整理活动项目与时间。

（9）注意事项。

三、健身运动处方的实施

基于健身者的实际情况和秉承科学原则等制定出的运动处方，需要在制定完成后由健身者遵照执行，即严格按照处方中规定的运动周期、运动时间、运动项目、运动强度等开展运动。当健身者遵循运动处方进行了一段时期的运动后，其身体状况必然会出现一定的改变（通常这种改变是积极的）。正是因为会出现这种改变，所以在一段时间之后就很有必要对健身者的身体状况进行新测评，以了解在运动处方的指导下的健身者的身体状况的改变程度，其结果是进一步完善和改进运动处方的依据。由此使得，一个真正有效的运动处方总是会在一个阶段后出现一些要素的微调，而不是绝对稳定的状态。

健身者实施健身运动处方会经历准备部分、训练部分和整理部分三个过程。下面就对每一个过程中的情况进行说明。

（一）准备部分

运动处方中包含详细的准备部分内容，目的在于指导健身者关注准备活动，做好必要的热身。一个良好的热身有助于健身者在主体部分中充分调动身体能力，降低运动性伤病发生的概率。在实践当中，我国大众在意识层面上还缺乏对准备活动的重视。反映在行为上的，就是感觉做准备活动是在浪费时间，于是便不做或象征性地做准备活动。对这一不良意识的转变还需要在日后做好相关工作,这也是体现大众健身科学性的必然要求。

一般来说,大众健身运动的准备部分时间应控制在 10 ~ 15 分钟。常见的准备部分形式包括有氧运动和伸展运动,如慢跑或各部位的活动操。不过,准备活动中的有氧运动的强度要明显低于主体部分的强度,此时的有氧运动只是作为调动心肺功能状态的手段。身体各部位的活动操对增加身体关节和韧带灵活度有很好的帮助。另外,多种形式的、氛围更为轻松的体育游戏现如今也是准备部分的不错选择。

（二）主体部分

主体部分在运动处方中所占用的运动时间最长,主要的运动内容也是安排在这一部分当中。健身需求不同的人其主体部分所消耗的时间也不同。需要注意的是,以强壮体型为健身目的的人群的运动处方的主体部分中安排的更多的是抗阻力运动,所以他们的运动时间就相对更短一些。

（三）结束部分

结束部分的恢复形式为放松运动,放松操是一种很好的形式。另外,一些静态的伸展和放松等动作也是恢复身体稳态的好方法。如果要使放松恢复的效果更好、更快,可在结束部分完成后一段时间内适当补充营养。

第四节　大众体育健身效果的评价

对大众体育健身效果的评价主要是对大众的健康体适能进行测评,下面做详细的说明。

一、健康体适能的内容

健康体适能反映的是人体较为基础的机能能力,它包括心脏、肺、血管、肌肉等的理想工作能力。健康体适能除了反映出基础的身体健康维护能力外,还是保证机体完成日常工作、学习以及降低慢性疾病危险因素的出现。

如果对健康体适能进行进一步细分的话,还可以包括身体成分、有氧适能、肌肉适能和柔韧度等内容。

（一）身体成分

身体成分,是指体内各组成部分所占身体成分的相对百分比。日常最常见的身体成分的测量主要是对体内脂肪含量的比重进行的测量。一般来说,一个良好的健康体适能必定要有一个合理的体脂率。如果体脂率失衡,过高或过低,都不利于身体的健康。过高的体脂从人的外在形态上会表现出肥胖的样子,看起来显得臃肿、不精神,但脂肪过多对健康的最大影响还在于内在方面,它会诱发心脏病、高血压、糖尿病、脂肪肝等多种疾病。过去人们对健康的评判标准相对片面,许多人认为体重轻,看起来人很瘦就是不健康,而认为那些憨憨胖胖的身材的人才是健康,实际上这并没有科学依据。此后随着科学研究,人们逐渐认识到过高的体脂含量是健康"杀手",为此,人们谈脂色变,纷纷加入减肥大军。同时改变的还有人的审美,认为瘦是一种美。然而过瘦的体形,以及过低的体脂率也是不利于身体健康的,甚至会损害身体。实际上,体脂含量与体重并不是一个概念,对于身体状态的评判,以体脂占比多少作为标准更加准确。以体脂率来评判肥胖程度,据此再进行有针对性地运动和膳食平衡,最终实现控制体脂率、增进身体总体健康水平的目的。

除了体内的脂肪含量外,其他身体成分也需要保持恰当的比例,才最有利于维持好的身体状态和生理机能。

（二）有氧适能（心肺血管适能）

拥有良好有氧适能的人普遍具有相当不错的心、肺与血管功能,这是人们可以长时间开展学习、工作乃至运动的基础保障,同时这也是延缓疲劳出现以及疲劳后快速恢复的重要条件。总的来说,有氧适能水平较高的人,特别是在运动行为中会表现得更有效率,体能更出色。

（三）肌肉适能

肌肉适能是人体体适能状况的重要影响因素。确切地说，人体体质的提升很大程度上依赖肌肉做功的方式来实现。如果肌肉适能因某种原因出现减退，肌肉的力量减弱，肌肉耐力衰退，此时的肌肉不能再像过去那样支撑运动或日常活动，人们就会经常感到疲劳，甚至会形成各种慢性的骨骼肌肉系统创伤。这种情况在中老年群体和女性群体中较为常见，如这两类群体更容易因腿部力量不足而跌倒受伤。

对于专门从事运动的运动员来说，肌肉适能是绝对不能缺少的核心训练项目。对绝大多数运动项目来说，都需要运动员有出色的肌肉力量予以支持，如果肌肉的力量或耐力不足，不仅不能支持正常的训练和比赛，甚至还会增大运动损伤的风险。一系列研究表明，只要参加科学且规律的负重练习，就可以提高肌肉能力，改善神经对肌肉的控制能力，维持肌肉质量，强化肌腱、韧带、关节囊等软组织的强度。

（四）柔韧度

柔韧度，是指身体各环节屈、伸、转、弯、扭的能力。简单说来，就是人体各关节在没有痛感的情况下做出的最大活动范围。相比于肌肉力量和耐力等素质来说，柔韧度在众多身体素质中的作用并不突出，它不是那些对体适能具有决定性影响的一项，但它对于保持人体运动能力却有较大帮助。

二、健康体适能的测量与评价

一般来说，可以通过测量有氧适能、肌肉适能、柔韧度与和身体成分四个方面的内容来对人体的健康体适能进行评价。

（一）有氧适能的测试

1.12 分钟跑测试

12 分钟跑是一种目前较为常用的评价人体有氧适能的方法。

测试场地为 400 米跑道。测试方法为在计时开始后尽量快跑，但要注意合理分配体能，不应做全速跑和冲刺跑。当感到呼吸困难时可适当减慢速度以调整呼吸。

12 分钟跑由于运动负荷较大,因此更适合 30 岁以下的青年、青少年进行。

2. 台阶测试

台阶测试在目前也是一种常用测量人体有氧适能的方法。其优势在于可在室内进行,且对任何身体状况的人都较为适用。再加上开展测试所用的设备简单、便宜,可在短时间内完成,因此也受到许多检测单位的青睐。

针对不同群体,台阶测试的台阶高度有所不同。常用的标准为成年男性 50.8 厘米,成年女性 42 厘米。根据受试者的不同情况,还可以对台阶的高度做一些调整。

3. 活动平板(跑台)运动试验

活动平板定量运动试验是一种较为可控和可测量的试验。此外,其可配合心电图、气体代谢等检查的特点也让这种试验相比其他测试方法更具优势。

(二)肩部柔韧度测试

肩关节柔韧度是指肩关节活动幅度。对肩关节的灵活性和活动幅度进行测试可以反映出肩关节的柔韧程度。

1. 摸背法

受试者自然站立,左右手一只从同侧肩上后伸,一只从同侧背部上伸,两手向背中央靠拢,在肩胛骨中央两手指会合。然后测试者测量左右手指重合情况。以越多的重合表示肩部柔韧度越好。

2. 握棒直臂转肩法

受试者双手握体操棍,双手直臂前举,然后向后转肩呈后举。

测量时可要求受试者逐渐改变双手的握距,以越短的握距完成这一动作,表明肩部的柔韧度越好。

（三）肌肉质量的评价

1. 肌肉力量的评价

（1）等长肌力测量。等长肌力的测量是一种对肌肉肌力的绝对测量，过程中几乎没有关节的参与，是测量关节在某一角度的肌力。常用的等长肌力测量包括握力、背肌力、臂力与腿力。

（2）等张肌力测量。仰卧推举、负重蹲起、双手卷举、仰卧起坐等是常用的测量等张肌力的方式。由于是测量最大肌力，因此都是以最大一次为代表，即肌肉一次所能举起的最大重量。重量的数值越大，代表运动者的等张肌力水平越高。

（3）等速肌力测量。等速肌力测量在运动医学领域中的使用较为广泛。这种测量肌力的方法要求肌肉做速度相等的收缩，为此它需要一种仪器辅助。这里不做过多赘述。

2. 肌肉耐力的评价

（1）动力性肌肉耐力。动力性肌肉耐力评价是通过某一动作的重复次数进行评定的方法。例如，在规定时间内做蹲起动作、举哑铃动作等动作的次数。

（2）俯卧撑测试。俯卧撑测试主要评价的是躯干上部的动力性肌肉耐力水平。单位时间内完成动作的次数越多表明躯干上部的肌肉耐力水平越高。

（3）仰卧起坐测试。仰卧起坐测试主要评价的是腹部肌肉群的动力性耐力，单位时间内完成动作的次数越多表明腹部动力性肌肉耐力水平越高。

第六章

社会不同人群参与全民健身的方法研究

社会是由不同群体共同构成的，每个群体都有其各自的特点和价值观念。为此，在组织开展全民健身运动时对不同群体的这些特点予以充分考量，是活动成功开展的关键。本章就对社会不同人群参与全民健身的方法进行研究。

第一节　不同年龄人群的体育健身研究

一、少年儿童的全民健身运动

（一）少年儿童的身体发展状况

儿童少年各项身体素质随年龄的增长会逐渐提高，这一过程会一直持续到25岁左右。进入青春期后（男孩在15岁左右、女孩在12岁左右），人的身体素质自然增长的速度较快，幅度较大。在性成熟将结束阶段（男子在16—20岁、女子在13—20岁），人的身体素质增长的速度开始缓慢。女孩从12岁开始，随年龄的增长各项身体素质的增长明显放缓，甚至表现出下降趋势，而男孩则不明显。男女各项素质之间的增长值有很大差异。在12岁之前，男女之间的差异不大，到13—17岁差异迅速加大，18岁以后最大，并趋于稳定。

各项身体素质在各年龄阶段增长的速度不同,即使在同一年龄阶段,不同的素质增长速度也不一样。把身体素质增长速度快的年龄段称为增快期即敏感期,相对地把其他年龄阶段称为非敏感期。各项素质随年龄递增的速度从大到小依次为力量、耐力、速度。

各项身体素质的敏感期不同,男女也有差别,这是身体素质发展的一种特点。各项身体素质发展的早晚、快慢以及达到最高程度的百分比都不一致。但有一定规律,大致是速度、速度耐力、腰腹肌力量先发展,下肢爆发力其次,臂肌的静力性力量发展较缓慢。

（二）适合少年儿童参与的全民健身运动项目

少年儿童时期正是一个人处于最朝气蓬勃的年龄段,此时有非常多的健身项目可供他们选择,这些运动项目不仅会对他们的身心发展有极大的促进作用,同时还对他们对周边环境的认知起到重要的引领作用。

具体来说,适合少年儿童参加的健身项目主要以休闲类游戏为主,常见的有捉迷藏、跳房子、跳皮筋、砍包、跳绳等。为了提升他们的耐力素质,可以让他们在这一阶段学习游泳,或是在与家长一起参加远足或自行车骑行活动。参加乒乓球、羽毛球等活动有助于提升少年儿童的身体灵活性与协调性,同时还能增加他们的反应能力。参加体育舞蹈或体操运动可以提升他们身体柔韧度,这对日后他们再参与到其他体育项目中打下了坚实的基础。总之,多样化的运动项目对少年儿童的不同身体素质都会起到特定的促进效果。

（三）少年儿童参与全民健身运动的注意事项

少年儿童群体所处的年龄段是他们身体的第二个快速发育期。这一时期少年儿童的身体和心理两方面的发育都有一定的特殊性,因此,他们在参加全民健身活动时要注意做到以下几点。

1. 运动时间和强度的合理性

处于人体第二个发育高峰期的少年儿童的神经调节机能还不完善,再加上他们呼吸机能的发育相对滞后,使得他们肺活量较小,这会让他们在运动中只能靠加快呼吸的频率来满足身体活动对氧的需求。一般情况下,不鼓励少年儿童经常参加超过其身体负荷能力的运动。少年儿童的精力比较充沛,身体恢复的时间也快,这种兴奋度和耐疲劳的特点难免会让他们运动过度,长此以往会对其身体健康不利。鉴于此,适度安排活动时间以及活动强度成为少年儿童参与全民健身活动收获良好效益的关键。

2. 运动内容多样性

对正处于身体发育期的少年儿童来说,如果能够注重其身体各系统、器官的均衡发展是再理想不过的了。这就要求少年儿童应多多参加种类多样的健身运动,以促进自身各方面机能的综合发展,进而使自身的综合体质水平得到提升。即便是那些参加专项运动训练的少年儿童,教练员也应为其制定一些综合性练习,以保证他们身体的全面发展,这也是为日后他们更好地参加专项训练打好基础。

3. 保证少年儿童充足的休息与睡眠

少年儿童精力充沛、活力满满,经常表现得格外亢奋。为此,充足的休息和睡眠就是他们所不可或缺的。家长在这方面要有绝对的原则并起到榜样作用,以培养少年儿童有规律的生活作息。另外,还要特别注意加强少年儿童在这一阶段的营养补充,科学膳食、合理餐饮,为进行全民健身运动提供基础。

二、青少年的全民健身运动

(一)全民健身运动对青少年的价值

全民健身运动对青少年的全面发展起到非常关键的作用,甚至许多青少年非常热衷参加各种体育运动,并认为这是他们生活中的一部分。青少年参与全民健身运动的形式多样,除了学校体育是他们参加的主要场所外,在校外一些青少年为了满足自身的体育运动需要,也主动参加一些体育俱乐部和体育社团的活动。实际上,全民健身运动对青少年的益处远不止在促进身体发育这一个层面上,还体现在青少年对人际关系的摸索和把控上,以及有更多认识社会的机会上。当人的成长到青少年阶段后,他们逐渐发现自己要在社会中承担更多的角色,他们会认识越来越多形形色色的人,要努力融入人际圈和社会中并予以适应。全民健身运动为青少年与他人的交流提供了一个良好的平台,经常参加运动的青少年就会通过以球会友、以棋会友的方式拓宽和调节自己的人际圈,这会使他们的生活和学习更加有动力和信心。

仔细审视青少年的心理状态可知,他们在这阶段中是处于较高水平的,感知、记忆、想象等能力基本达到成熟的水平,心智活动效率甚至达到最高水平,理解能力、分析能力、推理能力以及创造性思维能力也处于较强的阶段。不过,青少年对于情绪的控制力仍旧偏低,表现出非常明显的情绪化现象,具体有易激动、自控能力差、易对事物过度狂热或痴迷等。因此,在全民健身运动中要引导他们建立正确的运动观,培养良好的体育习惯,这是他们能否从全民健身运动中获得效益的关键。

(二)适合青少年参与的全民健身运动项目

青少年的运动系统机能和其他各器官等机能都已基本发育完全,此时他们通常具有颇佳的运动能力,有着强烈的运动参与欲望,更有一颗争强好胜的心。因此,青少年具备了从事所有全民健身运动的身体条件,可以参加任何形式的全民健身运动。

对于青少年来说,任何体育项目都可以参加,参加那些竞争性和对抗性强的运动更会激发他们的运动热情。运动的负荷可以因青少年的实际情况适时增减,总体基本可达到中等偏上水平。适合青少年参与的带有高对抗性的团队运动有足球、篮球;个人项目有乒乓球、羽毛球、网球;搏击项目有散打、跆拳道等;形体塑造类运动有健美操、体育舞蹈、瑜伽等。

除了上面那些较为常见和传统的运动健身项目外,随着我国体育健身市场的不断发展,已经有了更多、更时尚的休闲体育运动可供选择。加入了时尚和前卫元素的体育运动新颖冒险、挑战极限,更加受到广大青少年的热衷,成为他们展现自我个性、追求刺激、挑战极限、征服自然的不二选择。这些新颖的休闲运动包括登山运动、竞赛攀岩、徒步穿越、卡丁车、山地骑行、轮滑、高山滑雪、潜水、冲浪、漂流、滑翔伞、蹦极等。当然,这些更为时尚和刺激的休闲体育活动需要有健康的身心和一定的经济能力作为基础,因此在选择上要根据自身情况量力而行,不能仅凭一时激情便盲目选择某项运动参加。

三、中年人的全民健身运动

（一）中年人参与全民健身运动的原则

中年人群体的身体各方面机能已经开始向衰退趋势发展。在这一阶段中参与全民健身活动需要严格遵循运动原则，这不仅是获得健身效果的基础，同时也是保护自身身心健康的保障。为此，应做好如下几点。

1. 合理安排运动量

运动量的选择是参与运动健身中的一个主要元素，合理的运动量安排对于中年人的健身行为非常重要，对其进行的安排要以中年人自身的身体情况和运动经历等作为依据。此后，可以在逐渐适应了初始运动量后逐渐加量，即便可以加量，也应控制在力所能及的范畴中，建议每周增幅不宜超过10%。如果所参加的是一些较为激烈或有身体对抗的运动，则需要在运动前做足准备活动，以使身体尽快进入到运动状态。对中年人来说，合理的运动量的量化指标应为心率最低应达到110次/分，但不要超过160次/分。

2. 保持运动的延续性

中年人的体育健身活动要保持一定的延续，并且有规律。中年人身兼多个社会角色，他们平日较为繁忙，这就是他们难以保证运动健身延续性的根源，或是有些人只是觉得需要或来了兴致时才会去运动，这让健身行为没有规律，自然影响健身效果。对于中年人来说，如果条件允许，应每周至少参加3次健身运动，每次不少于30分钟。在每次运动开始前要利用5~15分钟做准备活动（可采取静力性伸展，加强腹部、髋部和腿部力量的运动），主体活动结束后也要安排5~10分钟做放松、整理活动（多采用静力性伸展运动，以促进有效的恢复）。

3. 灵活安排运动时间和地点

鉴于中年人的工作和生活较为繁忙，普遍难以保证有稳定的运动地点和运动时间。但这并不是不参加运动的借口，事实上，一些简单便捷的健身方法随时随地可以进行，这就需要中年人抱有一颗健身的心，灵活安排运动时间和运动地点，一些简单的健身方式也可以是参与全民健身的积极举动。

（二）适合中年人的全民健身运动项目

中年人所处的年龄段特点决定了他们更倾向参加那些有品质、价值观正确的健身项目，与少年儿童和青少年相比，他们更注重全民健身运动的内涵及运动养生的价值。因此，散步、慢跑、自行车骑行、登山、跳舞等有氧运动和对体能要求不高的台球、乒乓球、高尔夫球等都非常适合中年人参加。此外，如象棋、扑克、麻将等智力运动以及垂钓等休闲运动也是颇受中年人喜爱的项目。

与少年儿童和青少年相比，中年人通常对新鲜事物的接受能力和欲望都相对较弱，这使得他们对过于新颖或过于刺激的项目的追求欲望也不太高。不过，在与时俱进理念的引导下，中年人也不妨体验一下如溜索、潜水、冲浪、滑水、飞伞、热气球、卡丁车等时尚休闲健身项目。

中年人已经拥有了足够的社会阅历，也能完全了解全民健身的意义和影响，但总是会由于日常较为繁忙而难以践行健身行为。再加上其他一些压力，使得他们对参与运动的主动性和积极性降低，因此仍旧需要不断增强中年人的全民健身运动意识，组织更多适合中年人参与的全民健身活动，让中年人形成健身运动的习惯，使全民健身活动最终成为他们缓解压力、修身养性的好方式，如此也是为他们进入老年阶段后保证良好生活质量打下坚实的身体健康基础。

四、老年人的全民健身运动

目前，我国已进入老龄化社会阶段。老年人在这个阶段中的普遍状态是，儿女基本都已成家立业，自己也已经退休在家，拥有充足的闲暇时间。因此，在全民健身活动蓬勃开展的今天，老年人成为这项活动的主力军。科学、合理地进行全民健身运动是老年人健康的保证，对全民健身运动的发展也具有重要的作用和意义。

（一）老年人参与全民健身运动的价值

老年人参与全民健身活动的优势在于其有充足的闲暇时间，将这些时间有效利用到参加全民健身的运动中，有助于促进老年人的身心维持在健康水平之上，这对他们拥有高质量的老年生活大有裨益。具体来说,全民健身运动对老年人身心健康的促进作用主要有以下几点。

1. 提高运动能力

老年人参加全民健身运动可以促进其运动能力保持在较好水平。老年人运动能力的减退是一个必然的生命生长规律,但如果长期有规律地保持参加一定的运动,可以最大限度地延缓运动能力减退的速度。参加全民健身运动可以有效地增强肌肉力量,改善韧带弹性和关节的灵活性,防止肌肉萎缩,减慢老年人机体组织的退行性变化,减少运动器官的劳损等常见病发生的概率。

2. 改善循环系统功能

老年人参加全民健身运动可以提高其血液循环系统功能。这是因为经常参加健身活动可以增强心脏功能,这是血液循环系统机能保持在较高水平的基础。身体锻炼带来的直接结果就是改善了心肌的氧气和营养物质供应状况,还能预防各种身心疾病。

3. 改善消化系统功能

参加全民健身活动可以改善老年人的胃肠张力和蠕动力,这会让他们所进食物得到良好的消化和吸收,同时改善多种肠胃不适的现象,让食欲增加。

4. 锻炼脑功能

参加全民健身活动可以维持老年人的大脑功能状态。这是由于运动可减缓人脑动脉硬化的过程,如此就能使足够的血液为大脑供氧,减轻脑血管和脑细胞的萎缩,维持其正常的功能。

(二)适合老年人的全民健身运动项目

鉴于老年人身心特点的特殊性,在给老年人选择健身运动项目时要特别注意科学性和合理性。老年人身体机能已经开始出现退化的趋势,因此这就决定了他们的运动耐力不足,运动中会较快产生疲劳,且这种疲劳消退得较慢。为此,严格控制老年人的运动时间和运动量是非常重要的。对老年人来说,最恰当的运动强度为最高心率的60%。锻炼周期为一天一次,每次时间不短于15分钟,在此基础上可视自身对运动量的适应程度逐渐增加。

适合老年人参与的健身项目有散步、快走和慢跑,这些项目便于开展,对老年人冠心病、高血压和糖尿病都有良好的防治作用,特别是在饭后进行慢走运动能为身体内血糖的调节提供帮助。气功类项目也是适合老年人参与的健身活动,作为我国传统的养生项目,经常参与有助于改善老年人的神经、血液循环、呼吸等系统功能,还能调节血液循环、降低血压、增加免疫力等。太极拳、太极扇等内家拳,可使老年人延缓体质减退速度,还能预防如颈椎病、肩周炎和腰腿痛等多种老年运动系统疾病。

此外,在身心、精力、资金等条件允许的情况下,老年人还可以参加一些非直接对抗性的运动项目和娱乐活动,如登山、游泳、门球和垂钓等项目,当然桥牌、围棋、象棋等益智类项目也是不可缺少的。

(三)老年人参与全民健身运动的注意事项

目前我国已进入到老龄化社会,这是我们每一个人都需要正视的现实。为此,老年人的相关问题已经成为社会非常关注的问题,其中就包括老年人参与的全民健身运动。对于这一特殊群体在体育活动中有着特殊的要求,特别是要注意以下几点事项,如此才能让健身活动更加安全和有效。

1. 循序渐进,贵在坚持

老年人参加全民健身活动的最大目的就在于丰富生活和延缓衰老,鉴于这两点目标,就需要注意参加活动要循序渐进,并且有所坚持。为了做到这两点,就需要将健身的重点放在少量多次上,而不是在一次运动中消耗太多体力。从坚持的角度上看,只有当持续有规律的运动在三年以上,才能看出与其他年龄相仿、缺乏运动的人的差别。除一些恶劣天气和特殊情况外,健身活动都应坚持开展,应每天安排一定时间运动,至少每周运动不少于三次,这样坚持下来才能达到预期的健身效果。对于老年人的活动量应根据人体机能的适应规律和人体生理机能活动能力的变化规律进行调整,年龄越是增加,机体机能减退的速度越快,为此就需要再行调整运动量。如那些患有慢性疾病的老年人参加体育活动,在正式开启健身计划前应接受一次全面体检,并在医生的建议下再行参与运动。

2. 遵循规律，量力而行

老年人参加全民健身活动要注意遵循规律和量力而行。所谓的规律就是指人体的生长规律以及运动规律。为此，要做到科学设置运动时间和运动量，而不能只是依靠自身感觉来判断。即便是前期确定的锻炼计划，在过程中一旦发觉身体难以承受之后，也要及时灵活地予以调整。如果对某一运动项目感觉不能适应或再难坚持，则可以考虑更换项目。老年人量力而行地参加运动，主要还是从运动安全的角度上考虑的。

3. 关注反馈，重视监督

老年人身体机能衰退的实际情况决定了对其身体状况进行监督是非常有必要的。这对全体参加全民健身运动的老年人都适用，即便是那些体质基础较好也不例外。这里要求医务监督的涉及面要广，除了对于老年人身体状况的监督外，甚至还要涉及对于老年人参与全民健身运动的运动量多少的决定。即便是同属一个年龄段的老年人，他们的运动能力和兴趣也是不同的，因此，要注意收集老年人运动的反馈，以此作为他们运动量调控的依据。

第二节　女性群体的体育健身研究

由于女性身体构造和性格等因素本来就具有一定的特殊性，因此他们在参加全民健身活动中也表现出了一定的特殊性。因此，为了能让女性群体在全民健身活动中收获理想的效果，就要在关注这一群体的特殊性的基础上选择恰当的活动内容、活动形式和活动方法。

一、女性参与全民健身运动的价值

（一）促进身体健康

女性可以从多种形式的健身活动中收获良好效益。不同年龄段的女性从运动中收获的价值有所不同,具体如下。

1. 青少年女性

对青少年女性来说,她们的身体正处于快速发育期,此时参加足够的健身活动可使她们的身体及骨骼健康的生长,身体各项系统机能水平也获得完善和提高。特别是参与一些塑形类项目更能在最佳的年龄塑造优美的身材和较高的体质水平,这能为今后从事各种社会活动打下良好的健康与美的基础。

2. 中年女性

对中年女性来说,经常参加全民健身运动会使她们保持较为积极的生活态度和获得较高的生活质量。健美操、瑜伽、普拉提等项目可缓解中年女性的生活压力,消除假性疲劳。长期坚持运动更能减少体内多余的脂肪堆积,维持良好身体形态,这对延缓衰老也是大有帮助的。

3. 老年女性

对老年女性来说,经常参加全民健身运动有利于女性保持良好的健康状态,延缓衰老,延年益寿。但是处于这个年龄阶段的女性在运动时要特别注意身体对于运动的反馈和承受能力,及时根据自身情况调整运动量,量力而行参与运动。

(二)促进心理健康

女性的心理与男性相比有很大的区别,主要体现在女性的心理变化更为频繁和复杂,情感上也更加细腻,对待事物更加感性,更善于关注细节,但同时这也会让女性更加表现出焦虑和多愁善感。因此,拥有一个健康的心理对女性而言是提升生活幸福指数的关键,那么,全民健身运动就是能够促进女性心理健康的有效方式。

全民健身活动对女性心理健康的促进作用首先表现在它有助于女性个性的发展。女性可以根据自身条件和喜好自主选择,享受全民健身运动的乐趣。在运动的过程中还会遇到志同道合的伙伴。当增加了与他人的人际交流后,就会协调发展自身的个性和素质。

女性在生活中多半要肩负着家庭责任,这会让他们经常处于操心、焦虑等不良心理之下。全民健身运动活动对缓解现代女性日益加重的心理压力有着重要的作用,它也是最理想的缓解心理压力负荷的方式之一。全民健身活动形式多样,其中包含了很多休闲体育活动,这些活动游戏性极强,非常有助于女性缓解心理压力,使她们获得自由感和解放感,摆脱精神的束缚,从而更好地享受生活。

（三）改善生活方式

全民健身运动对改善女性生活方式可以起到较为积极的影响,这会对女性的个人发展起到较大作用。现如今,人们很多的健康问题都来源于不健康的生活方式,这对女性来说也是如此。为此,要想解决诸多健康问题,首先就可以从改变生活方式开始。与男性不同的是,适合女性参与的健身项目较少有较为激烈的和对抗性较强的项目,而像瑜伽、有氧健身操及舞蹈等项目就非常适合女性的身心特点,这也能激发女性将参与运动变为一种生活方式,这会直接影响到女性良好行为习惯的形成以及生活方式的改进。

二、适合女性的全民健身运动项目

适合女性参与的全民健身项目尽管不如男性多,但也不乏丰富。目前,主要有一些传统民间项目和现代健身项目都非常适合女性参与,为她们的生活增添丰富色彩。

（一）传统民间运动项目

适合女性参与的传统民间运动项目有荡秋千、踢毽子、跳绳、跳皮筋等。这里以最为人们所熟知、操作性最强的跳绳和踢毽子运动为例进行说明。

1.跳绳

女性非常适合参加跳绳运动。跳绳是一种在环摆的绳索中做各种跳跃动作的体育游戏,从古到今已经创造出了多种跳绳玩法。现如今,主要有单脚跳、单脚换跳、双脚并跳等方式。跳时,摆绳与跳跃的动作要合拍,通常的单人跳法有单摇、双摇、三摇、单摇编花和双摇编花等。

2. 踢毽子

踢毽子是我国民间传统体育活动之一,在国际上,这项运动可谓是我国传统体育运动的代表。踢毽子是一项良好的全身运动,对培养和锻炼女性的灵敏性和协调性有重要作用,因此非常适合女性参与。

如今的毽子有鸡毛毽、纸条毽、绒线毽等几种。踢毽子的基本动作主要有盘、磕、拐、绷等四种踢法。

（1）盘的方法为用两脚的内侧交替踢。

（2）磕的方法为用两腿膝部互换踢。

（3）拐的方法为用脚的外侧反踢。

（4）绷的方法为用脚尖踢。

踢毽子的花样繁多,如旋转踢、脚尖和膝盖交替踢。远吊、近吊、高吊、前踢和后勾,还可以用头、肩、背、胸、腹代足接毽等。

（二）现代健身运动项目

1. 散步和慢跑

散步与慢跑是非常理想的和高效的健身运动,它以其组织的便捷性和普遍性等特点受到包括女性在内的广大健身爱好者的青睐。散步和慢跑对女性身体的锻炼是较为全面的,同时这也是一种放松精神的方法。为了增加健身效果,女性还可以采用散步、慢跑相结合的交替式锻炼方法进行。乍一看,散步和慢跑的运动量不如其他运动的强度大,但只要能长期坚持,也能收获良好的运动效果。

2. 球类项目

小球类项目是非常适合女性参与的,主要是因为这类项目不仅有着良好的健身锻炼效果,同时还有着较强的娱乐性,以及对小肌肉群和协调能力要求较高的特点。这让女性在参与其中收获身心两方面的效益。具体来说,乒乓球、羽毛球、台球、保龄球等都是比较为理想的项目。在参加这些小球类项目时,女性可根据自身情况调节运动量,或是增加休息时间,以满足自身的运动需求。

3. 女性体操

女性体操是最近开始流行的新兴体育健身活动,其有很多类型,如女青年健美操、女子哑铃操、女性减肥操、产妇健美操、母子体操等。这类女性体操运动在我国已经大有蓬勃发展之势。之所以女性体操能够成为全民健身运动中适合女性参与的运动新宠,主要在于女性的脊柱弹性好,平衡感和柔韧性都较为理想,因此比较适合体操运动;其次,徒手体操不受场地、器械、时间等条件的限制,运动量的大小也可由参加者本人进行调整,这使得该项运动的适应性良好,这让不同身体情况的女性都可以参加;再次,女性体操运动刚好迎合了近些年女性越发萌生的健美意识,自然能更加吸引女性的关注与参与。

三、女性参与全民健身运动的注意事项

鉴于女性较为特殊身心特点,在她们参与全民健身的相关运动时需要关注一些注意事项。这些注意事项的重点主要针对的是处于身体状态较为低谷的经期和孕期的女性。在这两个时期中的女性是可以参加一定的健身活动的,但需要注意相应的事项,具体如下。

(一)经期运动的注意事项

(1)经期是女性身体处于虚弱的时期,在这一时期中的女性的体能和精神或多或少都会受到一些影响。因此,对有健身习惯的女性来说,处于这一时期时应相比平日减少运动量,且运动的时间也不宜过长。刚刚月经初潮的少女由于其月经周期尚不稳定,更应注意控制在经期的运动量。

(2)经期女性不宜从事剧烈运动,特别是那些有明显震动和增加腹压动作的运动,如快跑、跳跃等,以免出现子宫移位和经血量过多的情况。

(3)经期女性在秋冬季运动时要注意保暖。运动时穿着保暖性和排汗性较好的运动服装,运动后的洗浴要适当增加水温,特别要避免下腹部着凉,这会引起卵巢功能紊乱而导致月经失调。

(4)女性在经期不宜参加游泳运动。一方面这是为公共卫生考虑,另一方面也是为了避免病菌侵入内生殖器引起妇科炎症。

（二）孕期运动的注意事项

（1）我国大众的传统观念认为处于孕期的女性不应参加体育活动，然而现代医学证明这种观点是错误的。以现代医学和健康观的观点来看，孕期女性适当参加一些体育活动不仅不会对身体有害，反而还对妊娠有着诸多帮助。孕期参与适当的、合理的运动能促进孕妇的肠胃功能，提高她们的食欲，如此可以为胎儿提供充足的营养。运动对孕妇血液循环系统功能的提升可以提高孕妇血液中氧含量，这有利于消除孕期非常容易积累的身体疲劳和其他诸多不适感，同时这也能给胎儿提供充足的氧，促进胎儿的正常发育。运动对孕妇的运动系统功能的促进可使她们的肌肉力量和韧带弹性保持在较好水平，可为其日后顺利生产打下基础。

（2）科学运动是女性在孕期参加运动的基本原则，为此要特别注意对运动的科学规划。根据女性妊娠规律，在怀孕的前三个月为确保胎儿稳固，不宜进行较大幅度的运动。此后直到怀孕7个月之间可以进行适量的活动，怀孕七个月后应再度减量，这是为了防止胎儿在母体内的位置错乱，给分娩造成麻烦。

（3）女性需要在良好的环境下经历孕期，这对参加体育运动的环境来说也不例外。这就要求女性在孕期中的参加运动的地点应该为空气质量较高的日子，且最好到花草茂盛、绿树成荫的地方，这些地方贴近自然，氧气浓度高，尘土和噪音相对较少，对母体和胎儿的身心健康最为有利。在一天之中，最适合孕妇运动的时间段为早晨或黄昏。

（4）女性在怀孕期间需要对全民健身运动的方式进行细致的选择。适宜孕期女性参与的运动项目有散步、慢跑和健美操等。这些运动不仅能提高神经系统和心肺等脏器的功能，而且可以使腿肌、腹壁肌、胸廓肌、心肌加强活动。在参加这些活动的时候，运动量要视孕妇的情况而定。

第三节　特殊群体的体育健身研究

身体残疾、感官残疾与精神残疾以及复合残疾等都属于残障人的范畴。作为一类特殊群体,残障人由于身体、智力或精神方面的残缺总带有较多的自卑感和逃避心理,这使得他们在平日中很少参加包括体育在内的活动,长此以往则会导致他们的身体机能水平和运动能力迅速降低,甚至身体功能衰退。全民健身运动也面向特殊群体,引导残障人群参加到体育运动之中不仅有利于他们的身体健康,还能对其一些心理问题有疏解功效。

当一个人最初在面对残缺的身体时,总会因为不能正视这种缺陷而导致心理上的失落和绝望。事实证明,对于大多数人来说,这种消极心理会随着时间的流逝有所缓解,缓解的程度与其个人心理素质、性格和人生观有关,当然过程中也缺少不了身边人的宽慰和引导。有调查显示,大多数残障人对全民健身运动都抱有积极的态度,他们想参与到这些活动之中,从活动中找寻信心和新的生活方向。

当前我国残障人群的全民健身参与面临的最大问题在于缺少相关的专业指导者,这使得残障人士总是在缺乏科学指导的情况下参与全民健身活动,这会让他们从活动中的受益大打折扣。

下面主要介绍适合截肢人和脑瘫人参与的体育活动。

一、截肢人的体育活动

截肢人在轮椅的帮助下可以参加许多适当改变规则的体育项目。轮椅的加入可以让截肢人有更广阔的移动空间。适合截肢人参加的体育活动有游泳、轮椅赛跑、轮椅篮球、轮椅排球、轮椅乒乓球、轮椅击剑等项目。如此就要求截肢人要尽早学会轮椅的操作技巧,这会有助于他们更好地参加多样的体育活动。轮椅的操作技巧主要由手对轮椅的前进和制动控制,其中还要掌握更具体的驱动、变向、转圈、上下坡和急停等技术。

截肢人要学会通过自己的力量坐上轮椅。为防止褥疮和保证血液正常的循环,需要大约坐 10 分钟左右后,用手支撑站立一段时间。乘轮椅出发时,要确保轮子正向面对前进方向。刚刚起步时应推大轮的辐条,待移动出 3 ~ 5 米后再转为推小轮。推轮时手的用力要尽量做到平均。在转弯操作时转弯外侧的手要多发力,身体向转弯中心方向倾斜。在参加需要轮椅的运动时要格外注意安全。另外,这类活动的组织方也应在注重成功举办活动本身的基础上更多考虑到截肢人的生理特点,并为活动的安全举办配备医疗团队和完善的无障碍措施。

二、脑瘫人的体育活动

脑瘫病人在临床上有痉挛型、强直型、手足徐动型、共济失调型四种类型之分,其对于人来说是一种身体和精神上的双重障碍残疾。脑瘫病症较轻的患者通过接受康复治疗和恢复性训练,其症状会有一些好转,甚至可以恢复到生活得以自理。但病症较重的患者则需要一直有人陪护才能生存。

对于脑瘫人的康复来说有许多方式,但体育运动是其中相对最为理想的方式。在日常中可以协助脑瘫人做好如下几种练习。

(1)走、跑练习。先练习增强踝关节肌肉韧带力量的动作;先沿直线行走(注意脚型正确),距离逐渐加长,然后过渡到能跑步。

(2)骑三轮车。脑瘫患者手握握把,将脚固定在脚蹬上,如此进行蹬车练习,线路为直线或曲线均可。

(3)协调性和准确性练习,如听口令做手足动作练习;向指定方向投球练习等。

第七章

实用体育健身方法研究

在众多体育健身方法中,健身走、健身跑、广场舞和游泳是几项在日常可操作性非常强的实用体育健身方法。本章就对这几种健身方法进行实践指导,以期使人们对这几个项目有更多的了解,并且能顺利参与其中。

第一节　健身走、健身跑健身方法

一、健身走方法指导

现如今,可供人们选择作为健身锻炼的方法众多,但健身走仍旧是人们选择最多,开展最为普遍的健身方式之一。之所以备受健身爱好者的青睐,在于其开展简便、强度可大可小、受时间季节等限制少,可满足最广泛年龄人群的健身需求。由此使得健身走运动不论是对人的身体还是对情操的陶冶,都是一项非常理想的运动,发挥着其重要功能。

健身走有几种不同的类型,下面就分析几种较为普遍的方法。

（一）自然步法

健身走自然步法的方式和一般人们走路的姿势基本一致。在自然步法下可根据走路的速度划分出三种类型,具体见表7-1。

表 7-1　健身走自然步法的分类

分类	速度
慢速走	79～90步/分钟
普通走	90～120步/分钟
快速走	120～140步/分钟

这里特别对快速走进行说明。在进行快速走时,健身者的两臂也需要发力摆动,由此不仅是对步幅的加大起到辅助作用,同时还有助于保持身体平衡以及带动肩部和胸廓大幅度活动,这样运动效果就得以提升。

（二）摩腹健步法

摩腹健步法的动作为边行走边用双手在腹部按摩。这种走路的方法来源于传统中医保健法,这种将走路与腹部按摩相结合的方式能将两种运动形式的优点相叠加,其主要功效为利于胃液的分泌,对人体消化系统功能有极大的促进作用,而且这也能对一些消化系统疾病起到预防和日常养护作用。

（三）后退走法

后退走法也就是人们俗称的"倒着走"。后退走法的锻炼效果主要为其锻炼的肌肉与正向走时是相反的,这对一些平时难以锻炼到的小肌肉群的素质提升有很大帮助,并且能更加促进腰背肌肉力量、柔韧性以及全身协调性的增强。对于心理层面来说,后退走法也能促进自身对恐惧心理的调节。

后退走法包括摆臂式后退走和叉腰式后退走两种,前者在实践中被使用得更加广泛。

（四）竞走法

竞走法是采用竞走运动的方法进行的健身走运动。采用竞走法时,上身始终要保持直立状态（图7-1）,或是稍向前倾,大小臂弯曲成90度,随着走路速度的不同决定摆臂的力度和幅度。在走的过程中要始终保持双脚有一只脚在地面上,迈步落地时脚跟先着地,然后依次从脚掌过渡到脚尖（图 7-2）。

采用竞走法走路时要注意借用好髋部的动作来辅助加长的步幅（图 7-3）。

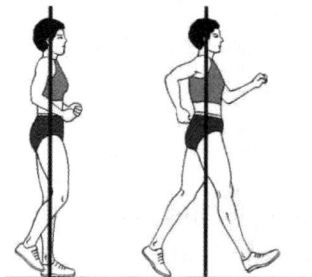

图 7-1

图 7-2

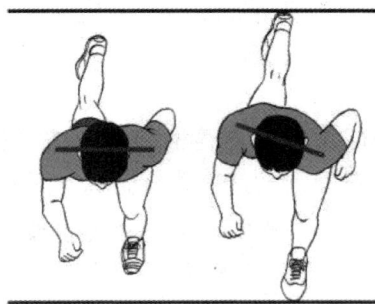

图 7-3

二、健身跑方法指导

健身跑拥有非常理想的全面提升身体素质的功效,作为被广大健身爱好者广泛选择的运动方式,只要根据运动者的自身情况做到正确选择跑步的时间、速度和距离,就能达到令人满意的健身效果。

健身跑的主要形式有以下几种。

(一)原地跑

原地跑是几乎没有位置移动的跑步方法。采用这种方式跑步的原因更多是在空间有限的室内进行锻炼,可见这是一种适应性良好的跑步形式,适合各个年龄段的人群参与。

要想在原地跑运动中获得良好的健身效果,就需要运动者根据自身情况选择适当的运动强度和运动时间。由于是在室内进行的原地跑,操作起来可能会显得单调乏味,为此,还可以在做原地跑的过程中播放音乐,使运动在律动下进行,效果更佳。

(二)慢速跑

慢速跑是一种保持低速状态进行的跑步方式。在慢跑过程中速度要始终保持在慢速且平均之中。每次进行慢速跑的时间不低于30分钟,每天可进行1次或2次。

慢速跑对跑动速度有着一定的要求,具体的速度标准为,初始练习阶段以 90 ~ 100 步 / 分钟为准,待逐渐适应了慢速跑的节奏和强度后可逐渐提高跑步,但也不应高于 130 步 / 分钟,且慢速跑过程中的速度要尽量做到平均。

不同年龄阶段的慢跑运动者要根据情况选择适当的跑速。下面以1 000 米距离为标准,对慢跑的速度指标进行说明(表 7-2)。

表 7-2　慢跑 1 000 米的速度指标

年龄(岁)	跑速指标(分)
8—12	8 ~ 9
13—29	7 ~ 8
30—49	8 ~ 9
≥ 50	10 ~ 15

（三）跑楼梯

跑楼梯这项健身方法有着非常强的可操作性,而且健身效果非常理想,正因如此使得跑楼梯成为很多人选择的健身方法。具体来说,这项运动对人的心肺功能、新陈代谢和骨质疏松等都有着很大的提升、改善和预防作用。

进行跑楼梯运动的注意事项有:过程中要时刻保持腰背、颈部和四肢的运动是连贯的,如无必要情况不要在过程中停下来。为了能高效利用体能,过程中应尽量让跑动有节奏,并且学习一些放松和省力的技巧。

第二节　广场舞健身方法

一、广场舞概述

近些年来,广场舞这种大众健身体育活动的发展不断势强。一时间,在我国众多地区的大街小巷中都不难看到一群群跳着广场舞的人们,他们有老有少,舞曲选择多样。由此可见,这种广场舞健身活动已风靡全国。广场舞的动作活泼,音乐舒缓悠扬,所以经常跳广场舞对于愉悦身心有非常好的作用。

实际上,广场舞的出现还源自过去流行的街头秧歌、民族舞、现代舞等活动形式。广场舞融合了这些活动的特点,并且与现代歌曲、体操动作、舞蹈动作相结合,成为今天人们看到的样子。通过参加轻松活泼、健身健心的广场舞活动,可以使人短暂地忘却烦恼、舒缓身心、丰富人际交往、提升审美能力。这些都是参加广场舞可以带给人们的益处。

二、广场舞的基本动作训练

（一）站立

站立时身体保持正直,头部摆正,两臂自然下垂,挺胸抬头,收腹立腰,两腿用力绷直,目视前方。

常见的几种站立步姿如下。

（1）正步。正步的站法为两脚并拢，两脚脚尖朝向前方。

（2）小八字步。小八字步的站法为两脚脚跟靠拢，脚尖分开距离约为 10 厘米。

（3）大八字步。大八字步的站法为两脚开立约与肩同宽，两脚脚尖分别指向外侧斜前方。

（4）丁字步。丁字步的站法为一脚跟在另一脚弓处。

（5）点立。点立的站法为一脚站立，另一脚脚尖点向其他方向。另外，也有用脚跟点地的站法。

（二）基本步伐

（1）踏步（1 拍）。双脚依次原地抬起，然后落下。

（2）走步（1 拍）。向前行进或向后退步。

（3）并步（2 拍）。先伸出一只脚，随后另一脚向前脚并拢过去，然后反方向再做。

（4）移重心（2 拍）。一脚迈出一步，落地后两膝一同弯曲，此时身体重心要移动到迈出脚的一侧，然后两膝伸直，后脚脚尖或脚跟点地，如此完成重心的移动。

（5）垫步（2 拍 3 个动作）。一脚迈出，另一脚跟上，然后第一脚再迈出一步。

（6）曼波步（2 拍）。一脚向前迈出后屈膝，重心落于该脚，另一脚稍稍抬起后再落下。或稍微后撤一步，随着该脚的落下重心再移动到这只脚上，此时第一次迈出的那只脚稍抬起，然后再在原地落下。

（7）交换步（2 拍 3 个动作）。一脚跨步后另一脚跟上，重心转移到跟上的这只脚上，然后前脚再跨出一步。

（8）侧交叉步（4 拍）。一脚向侧方跨出一步，另一脚经前落地脚的后方过形成交叉，然后落地。此时前脚再向侧方迈一步，后脚随即跟随并拢。

第三节　游泳健身方法

一、游泳运动健身的益处

（一）休闲放松，三浴同享

自然界给予人类的基本生存资源是空气、水和阳光。如果能来到户外参加游泳活动，可以说是能享受到空气浴、阳光浴和水浴的三浴之乐。

水作为生命之源，是生命赖以存活和生长的重要物质。人体内有大量的水成分，可以说人是水做的。人体内的水作为一种载体，起到对人体吸收的各类物质的分离和溶解作用，还能促成各种物质对人体有着更好发挥的作用。如此，人可谓是非常亲近水的，而游泳作为以水作为介质开展的运动，更能让人的运动更为柔和，皮肤也能得到水的滋润，新陈代谢也会随之加快。另外，由于身体在水中运动，水压会增加人体的运动负荷，特别是对人的心肺功能有着极大的锻炼作用，经常游泳的人的肺活量水平较之普通人总是更高的。这就是由水的性质带给游泳运动的优势。

健身者要想在进行游泳运动的同时获得这样的空气介质所带来的效益，最为理想的游泳场所就是户外的江河湖海（人工开发的有安全性保障的游泳场所）。在这种环境下进行的游泳活动不仅可以让运动者收获游泳运动带来的健身效益，还可以吸收丰富的带有阴离子的空气，使健身效果增强。人们在回归大自然之中，心情也会感到更加舒畅和放松。

阳光对包括人在内的万物生长都有着非常重要的作用，久居城市在写字楼中办公的人们总是缺乏阳光照射的，久而久之会出现身体抵抗力下降和其他多种疾病。为此，在户外进行游泳运动，不仅能享受游泳运动带来的益处，新鲜空气带来的爽快感，同时还能尽情享受阳光的温暖。现代人对照射阳光有很多误区，特别是会认为接受阳光的照射会让皮肤变黑，甚至会得皮肤癌。事实上，阳光对于皮肤也有着维护其健康的作用。至于照阳光有害的说法是有一个前提的，那就是不应在紫外线过于强烈的时候在户外游泳,或是在进行室外游泳前做好防晒措施,如此之下阳光给人体带来的伤害就微乎其微了。

（二）增强心脏功能

较多的水会产生明显的水压,在水压的作用下,会使游泳的人的心肺功能得到更多的锻炼。长期参加游泳健身的人的心肌普遍更加发达,心脏跳动要比一般人慢而有力,具体表现为心肌收缩能力更强,身体新陈代谢的水平更高。具体从数据上看,普通人在相对安静状态下的脉搏次数的数值通常为 70 ~ 80 次 / 分钟,游泳爱好者的为 40 ~ 60 次 / 分钟。这里特别要说明的一点是,人的心脏的正常跳动依赖于每次收缩后的舒张期,这个舒张期的最大作用在于可以让心肌得到一个非常短暂的休息时间,这一点点的时间就足够支持它的下一次收缩。心跳速度较快的人,其心肌每次跳动后拥有的休息时间就更短一些,如此心肌就更容易出现疲劳情况。不仅如此,这种情况在运动时,心跳加快,舒张期更为短暂,如此会使回流的血液来不及充满心腔,这就导致下一次心脏跳动时排出的血量低于标准。不过,心肌的收缩力是可以通过体育锻炼得到改善的,游泳就是其中非常理想的项目之一。游泳爱好者有着非常强大的心脏功能,他们在相对安静的状态下心跳仅有 40 ~ 50 次 / 分钟,而单位时间(1 分钟)内排出的血量几乎与普通人心跳 70 ~ 80 次 / 分钟所排出的血量相当。由此就足以说明经常参加游泳运动,可以提升心脏功能水平,还能为人从事体力劳动和其他剧烈运动提供不错的体能储备。

（三）增加肺活量

纵观数量众多的运动项目,能给人体呼吸系统带来最大益处的项目就是游泳。其原因还是在于水压对人体各方面机能的影响上,特别是对人体呼吸系统机能的影响是非常积极的。游泳的泳姿常见的有四种,不论哪一种泳姿都对人的呼吸能力和呼吸的节律性有着较高要求,特别是对运动者的呼吸深度和频率有着不小要求。常见的四种泳姿中除了仰泳这一仰卧泳姿外,运动者采用另外三种俯卧泳姿运动时,水对胸腔的压力平均可达到 13.5 千克。为了适应这一压力,机体就不得不通过增大呼吸深度的方法获得足够的氧气,这样长此以往,运动者的呼吸肌就会越发发达。对于一般人来说,他们的呼吸多在 60 ~ 100 毫米汞柱之间,而经常参加游泳运动的人可达到 200 毫米汞柱以上,其效果非常明显。这就是呼吸肌发达,呼吸力量增加,呼吸时胸腔扩得更大的结果。而在肺活量数据上,普通人约 3 200 毫升,呼吸差为 6 ~ 8 厘米,经常游泳运动的人肺活量可达 4 000 ~ 6 000 毫升,呼吸差为 14 ~ 16 厘米。从这一数值上也能看出游泳运动对运动者呼吸系统技能的提升效果非常良好。呼吸系统机能的提升使人的呼吸变慢变深,由此也减少了因为呼吸次数过多而产生的疲劳。

（四）增强体温调节的功能

人体会根据外界的环境温度变化而做出一定的适应性改变。这种能力通过训练也是可以获得并且提升的,游泳运动就是其中一项理想的对人体温度调节能力有促进作用的运动。具体来说,人在游泳时处于水中的身体的热量消耗很大,新陈代谢加快,数据显示,在 12℃水中停留 4 分钟,要消耗 100 大卡热量,而在同样温度的空气中,则需要 1 小时才能消耗这么多的热量。当然日常人们游泳的泳池中的水温不会这么低,但对身体能量的消耗功效也是足够的。这些数据解释了许多人在游泳后会格外有饥饿感的原因。所以,经常进行游泳锻炼能增强体温调节能力,这对增强人的抵抗力,预防感冒这类普通疾病有着很好的效果。

（五）健美体型

由于水的浮力和水流会使身体各部位在水中感到特别放松,几乎不会在运动中受到过多冲击力,这对运动者来说是最为理想的零冲击运动,而在众多运动中只有游泳运动有这样的优势。在如此舒适和安全的环境中游泳,可使身体各部位机体和肌肉得到均匀的和全面的发展,久而久之,一个更加健美和匀称的体形就会被塑造出来。

（六）滋润皮肤

水中含有的一些矿物质,可以促进皮肤毛细血管中的血液循环和表皮细胞的代谢。现在许多泳池经营方都以温泉水游泳作为王牌推向市场,温泉水富含的丰富矿物质更加提升了游泳对皮肤养护的功效,可以使皮肤洁白柔嫩,光滑圆润,并富有一定的弹性,因此深受广大游泳爱好者,特别是女性游泳爱好者的青睐。

（七）增强身体抵抗力

游泳也是一项对高血压、慢性肠胃病、关节炎、神经衰弱等常见慢性病有着良好缓解作用的运动。为此，将游泳运动与医疗体育相配合，就更能发挥出这项运动的这一功能。

二、游泳运动技术指导

游泳姿势主要包括爬泳仰泳、蛙泳、蝶泳等几种。下面主要阐述常见的爬泳与仰泳技术动作方法。

（一）爬泳技术

1. 身体姿势

爬泳的身体基础姿势为在水中俯卧。游进过程中头部适当抬起，两眼看前下方水平面，水平面接近发际，头始终保持有 1/3 的部位在水面以上。双腿之于全身来看是处于最低点的。在爬泳中，身体的纵轴与水平面并非是平行关系的，而是呈一个 3 ~ 5 度的仰角状态。

游爬泳时，身体主要围绕纵轴作节律性转动，这种转动是由于划臂、转头和吸气等带动自然形成的转动，转动角度在 35 ~ 45 度。转动角度的大小变化与游进的速度成反比，即游进的速度越快，转动角度就越小，反之就越大。实际上，这种身体在游进时的转动对爬泳有效率上的提升，主要表现在如下几点：①有利于手臂的出水和空中移臂动作，特别是能帮助缩短移臂的转动半径；②有利于手臂在水中的抱水和划水动作的顺畅进行；③身体转动作用在臀部时，可帮助腿打水时产生部分侧向的打水动作，这一动作可有效抵消移臂时出现的身体侧向偏离；④方便节律性地呼吸。

在游进的身体转动过程中，身体始终要保持好伸直的姿势，避免出现左右的摇摆，两腿的打水也要跟随身体的转动而做出适当的方向上的变化。

2. 腿部技术

爬泳中腿部动作是主要的前进动力来源，另外，腿部动作还要与上肢动作相协调,如此起到保持身体平衡的作用。

在爬泳腿部动作中,腿部打水是非常关键的技术。打水时腿和水面的角度应尽可能呈 90°。从垂直的角度上看,两腿在打水时是相互分开的,分开距离大约为 30 ～ 40 厘米。从平时角度上看,打水腿膝关节有一个大约为 160° 的弯曲。

游进过程中,腿在向上打水时脚面绷直,而在向下打水时,脚落下后不应低于身体在水中的最低点。腿部上下打水时,脚部应以稍向内旋,踝关节自然放松的形态进行。从整体来看,打水的动作不只是腿和脚的工作,而是始于髋部动作,即由髋部首先发力,由髋带腿,由腿带脚,依次进行,整个打水动作呈“鞭打”状。爬泳行进力主要是通过向下打水获得的,因此在向下打水时要格外注意发力。而对于向上打水来说,则以自然上抬为主。

具体来看,腿向上的动作是由大腿带动小腿依次进行的,如此直腿向上移,当髋部、大腿、膝关节以及踝关节大约与水平面平行后,大腿的向上动作即可停止,并转而向下打水。大腿向下打水时,之前受到向上抬起的惯性的带动,小腿和脚仍处于上抬过程,这样就使膝关节出现了一个约 160° 的角度。当小腿和脚的上抬到了最高点后,也会被大腿向下落的动作带动下落,从而使小腿和脚也一并完成下落打水动作。

同样的,当大腿下落打水达到最低点后转为上抬,此时小腿和脚仍旧在向下的惯性下继续下落,直到小腿与大腿呈约 180° 角为止转而上抬,从这里开始就进入了第二个腿部打水动作。

3. 手臂技术

爬泳中的手臂技术是一个较为连贯的技术,但为了能够对技术细节有良好的把控,在学习时也可以将其划分出入水、抱水、划水、出水和空中移臂五个部分。

（1）入水

手臂入水的入水点位置为身体纵轴与肩的延长线之间。手臂入水时手部的形态为手指伸直并拢,肘部适当抬高,手低于肘。入水时,在手臂的内旋带动下,手掌内翻,手指朝前下方水面插入水中。

手臂入水后,手和小臂继续向前下方伸展,手部在经过了一个向前→向下→稍向内的运动过程后转变为向前→向下→稍向外的动作过程。

（2）抱水

抱水的时机为手臂入水后与水平面成大约40°角前。抱水是手臂划水的准备动作。抱水时,手腕做屈腕动作,肘部做屈肘动作,呈抱水状。此时肘部要保持在手臂的高点上,以此为接下来的划水环节做好准备。

（3）划水

手臂的划水动作可以分为"拉水"和"推水"两个阶段。拉水是从抱水结束到划至与水面垂直之前的过程,推水则是过垂直面后的给水施加力的动作。拉水时肘部依旧要保持抬高的姿势,手部为向内→向上→向后的运动过程。结束拉水后,手应在体下接近中线,此时的肘关节角度为90～120度,小臂转为内旋,掌心朝向为由向内后方转为向外后方。推水时手部的动作为向外→向上→向后,手掌始终要与水平面保持垂直。总的来看,推水动作主要是手臂的屈臂和伸臂实现的,其中技术的关键就在肘关节的利用。

在划水阶段中,肩部的动作始终要与手臂配合,并做向前→向下→向后的自然转动动作,这些动作对加长手臂的划水线路和增加划水力量能起到辅助作用。

（4）出水

手臂出水是在肩部的带动下,前臂、肘部依次向外上方提拉出水。在这一过程中要注意手臂和手腕保持放松状态,如果这一环节太过僵硬,则会浪费更多体能。

（5）空中移臂

当手臂出水后,肩部继续带动手臂做快速移臂动作。在移臂动作的前期,肘部积极移动,前臂的动作相对较慢,在动作后期时前臂向前伸出,准备下一次入水。

4. 完整配合技术

常用的爬泳呼吸、手臂和腿的配合方式有三种。第一种为1:2:2、第二种为1:2:4、第三种为1:2:6。通过比例数字可以直观地看到三种不同的配合方式的区别主要在于腿部的打腿次数上。三种配合方式相比,6次打腿的配合技术的优势在于其更能维持身体的稳定性,手臂与腿的配合也更易协调,因此,这种配合技术更适合初学者学习。

（1）两臂配合

正确的两臂配合是保证爬泳游进效率的重要技术,不仅如此,两臂配合的协调还能发挥出肩部力量的协同作用,如此可以使游进的速度更快、更均匀。以不同的划水时两臂的位置,可将两臂配合技术划分出三种,具体如下。

①前交叉:一臂在入水时,另一臂的位置在肩部前方,该臂与水面呈约30度角。

②中交叉:一臂在入水时,另一臂的位置在肩部下方,该臂与水面呈约90度角。

③后交叉:一臂在入水时,另一臂的位置在腹部下方至划水快结束的部位。

对比这三种手臂的配合方式,前交叉式的优势在于滑行长,易掌握,但不足在于它很难保持均匀的游进速度,且动作频率偏慢。中交叉式和后交叉式的优势在于能充分发挥两臂的力量,如此使得动作效率大增,这会使游进的速度更快且速度更加平均,但不足在于初学者不容易掌握,需要较长的练习时间领会。

（2）两臂和呼吸的配合

呼吸技术是包括爬泳在内的所有泳姿的关键技术。能否练就出色的呼吸技术直接决定了划水的力量、速度和耐力。

在爬泳的呼吸技术中,常见的是两臂各划一次后进行一次呼吸。在吸气时,头要随肩、身体的转动转向侧方,呼吸的气口并非高于水面,而是在低于水面的水波的波谷中。这个瞬间正好是同侧手臂出水转入移臂的过程。当移臂进行时,头就要转回正常位。当吸气时的同侧臂入水后呼气。对于初学者来说,在练习阶段,为了更好地体会呼吸与手臂的配合,可尝试以多划几次臂再吸一次气的方式练习。当掌握娴熟后,就可以自如地以游进距离和综合能力决定呼吸与手臂的配合方式。通常来说,短距离游进可采用多次划臂后吸气一次的方式,长距离则可采用两划一吸或三划一吸的方式。

（二）仰泳技术

仰泳的身体基础姿势为在水中仰卧,再依靠两腿的交替摆动产生的动力向前游进。从动作结构上看,仰泳的动作与爬泳非常类似,只是身体的朝向和换气方式略有不同。相比起其他三种泳姿,仰泳在实用性上有着更好的功能,如拖运水中物体、水中救人或长距离游泳等都非常适合采用仰泳泳姿。

1. 身体姿势

仰泳时身体是仰卧在水中的,身体保持在一条直线上,身体纵轴与水平面约成 10 度角,如此可减小游进时遇到的水的阻力。头部稍后仰,让后脑浸入水中,脸在水面上,颈部始终放松。髋关节稍微弯曲,两腿最大化地伸展。

2. 腿部动作

(1)下压动作

仰泳中腿的下压动作主要是依靠臀部肌群收缩实现的。整个腿部的下压动作的前 2/3 在水的阻力下可让膝关节获得展开,这时腿部肌肉还处于相对放松的状态。在大腿下压到一定程度时会受到腹肌和腰肌的控制,从而达到下压的最大幅度,然后就开始上抬动作,而此时小腿在惯性的带动下还在继续向下的动作,如此就使膝关节产生了一个弯曲。小腿在惯性下落后,在已经上抬的大腿的带动下开始向上抬起。这整个下压的过程中,大腿、小腿和脚呈一个"鞭打"的动作。由于仰泳腿部的下压动作基本不产生什么推进力,如此在腿部下压时可以让肌肉保持一个相对放松的状态,以节省体能。

(2)上踢动作

腿部的下压动作结束时,小腿受到大腿肌肉的控制以及遇到水的阻力,会与大腿构成一个 135 ～ 140 度的角,小腿与水面呈一个 40 ～ 45 度角。当小腿弯曲程度达到最大时就可以转为上踢动作了。仰泳的上踢动非常依靠脚的力量。上提动作的时机为大腿向上的移动超过水平面后,此时小腿和脚也开始依次向上抬起,三部位依次上抬形成一个"鞭打"的效果。上踢动作是以大腿上抬带动着小腿,小腿带动脚依次完成的,该动作有一个重要的注意点在于上抬时膝部和脚尖都尽量不露出水面,特别是脚部的动作应保证脚尖内旋,以此达到增加击水面积的效果。

3. 手臂动作

仰泳的手臂动作与爬泳几乎一致,手臂动作也是仰泳的主要动力来源之一。仰泳的两臂动作是对称的,较为常用的是屈臂划水技术。为了能够清晰分析仰泳手臂动作,特将这个连贯的动作分为入水、抱水、拉水、划水和出水五个环节。

（1）入水

在移臂惯性的带动下手臂入水,手臂入水时是相对放松的,入水点为身体纵轴与肩的延长线之间。入水点过宽或过窄都会给游进速度带来不利影响。

以直臂状态入水,注意肘部也是打开的。手部在入水时小指向下,拇指向上,掌心朝向侧后方。手掌与小臂之间有一个150～160度的角。

（2）抱水

手臂入水后下滑至一定深度后要做一个直臂向内抓水的动作,过程中手部要做一个转腕的动作,屈臂,如此使手、上臂置于一个最合适的划水位置。这一动作完成后手臂与身体纵轴之间有一个40度的角,手掌离水面约30厘米。

（3）拉水

当完成抱水动作后,拉水动作就开始了。在拉水时,前臂做出一个内旋的动作,手掌上移,肘部下降,此时肘部的弯曲程度不断加大,手掌和小臂与前进方向构成一个垂直角度。划手到肩侧时,手臂的弯曲程度也达到最大,角度约为70～110度,此时手掌接近水面。

（4）划水

划水动作作为主要推动身体在水中前进的动力,包括拉水和推水两个部分,整个动作是由屈臂抱水作为开始的,动作要以肩为中心,手臂划至大腿侧下方为止。在划水时,手掌承担着最大的水压,这就要求手掌对水要准,即要以最大手掌面积对水。与其他泳姿相比,仰泳中的手臂划水在手掌上的变化更多,手掌在整个划水过程中划出的线路为先向下,再向上,再向下,大体构成一个"S"形。经常性做出这种手掌变化,其目的就在于力求总是以手掌的最大划水面面对水,进而增加推进力。

（5）出水

推水结束后,手臂立刻提起出水。这里的手臂出水涉及几种手型的问题。常用的三种出水手型如手背先出水、大拇指先出水、小拇指先出水。不同的出水手形有不同的优势和不足,其中以小拇指先出水这种最为理想,在出水时要注意放松手臂和做到快速出水,并且要先压水后提肩,待肩部露出水面后再由肩部带动大臂、大臂带动小臂、小臂带动手依次出水。

4.完整动作

两臂配合技术:仰泳中两臂的配合较为简单,呈现出一种连接式的配合,即一臂刚结束划水时,另一臂就已入水继续进行划水动作。同样的,当一臂在空中移动时,在水中划水的那一臂正处于移臂的一半。

手臂与呼吸的配合技术:仰泳的呼吸是这几种泳姿中最为简单的一类。由于在游仰泳时运动者的脸部朝向上方,因此不涉及复杂的换气方法。一般的仰泳换气方式为两次划水一次换气,换气的时机为一臂移臂时,此外的其他时间都处在慢慢呼气中。如果游进的速度较快,也有一次划水配合一次呼吸的技术,这已是最大的呼吸比例次数,再多的呼吸只会导致呼吸不充分的问题,同时也给动作节奏造成破坏作用。

臂腿配合技术:手臂与腿的配合的娴熟度和合理度将直接决定仰泳动作的效率。具体的臂腿配合方法为,腿在手臂的划水过程中做出上踢和下压动作,过程中要注意保持身体的平衡,克服过多的身体转动。

第四节　瑜伽健身方法

一、健身瑜伽的概念与特点

(一)健身瑜伽的概念

健身瑜伽以促进身心健康为目的,通过自身体位训练、气息调控和心理调节等手段,改善体姿、增强身体活力、延缓机体衰老,是体育养生的重要组成部分。健身瑜伽是中国本土的大众健身项目之一。

(二)健身瑜伽的特点

1.以促进身心健康为目的

在印度,瑜伽因为与宗教哲学的牵连而蒙以宗教色彩。总体来说,印度的瑜伽,在很大程度上是为"宗教"或"哲学"服务的;中国健身瑜伽则是"服务于大众健身的",健身瑜伽的目的是促进大众身心健康。因此,在健身瑜伽的内容设置方面更突出身体锻炼(体位)、气息调控(调息法与收束契合法)、心理调节(控制感官与培养专注力),淡化了印度哲学理论,被中华传统养生文化所代替。

2. 循序渐进、安全有效、全面均衡

（1）循序渐进

在体式的编排上按照难易程度由低到高进行编排。如坐姿由易到难可以从简易坐、平常坐、至善坐、半莲花坐、莲花坐；如倒置类中的倒立由易到难可以从肩倒立、双莲花肩倒立、头肘倒立、头手倒立、手倒立。

（2）安全有效

兼顾习练安全与健身效果。基本体式的108式,难度都是在6级以下,以减少受伤风险；每一个体式都有动作要点,重点体式的禁忌人群的习练风险,这是非常重要的安全举措。

（3）全面均衡

在体式选择上,108个基础体式和72个选修体式,完全覆盖传统瑜伽经典体式的全部内容。均衡类别上,根据体式类别应有的比例,兼顾坐姿与放松、前屈、后展、侧弯、扭转、倒置、平衡等形态类别,按序配置,方便大家对体式所属类别的把握。对倒置的内涵进行了新的界定。

3. 去除宗教化、去除神秘化、去除个人崇拜

（1）去除宗教化

瑜伽本身是可以独立游离于各种宗教内容与形式之上的,这样就为我们当下传承瑜伽修习方式时丢弃中期的某些宗教内容、宗教形式,提供了合理的依据。瑜伽一旦从宗教的轨迹与局限中摆脱出来,它便可以为各种宗教信仰人士或无宗教信仰的普通大众所广泛接受,瑜伽的传承少了关键的信仰障碍,也不会因为瑜伽与印度信仰的牵涉而受到种种排斥与限制。

（2）去除神秘化

瑜伽修习内容中"神秘化",是与早期印度宗教与本土图腾文化的神秘性联系在一起的。什么是"神秘化",超越人的现实能力与思维水平、存在与想象之中的内容,既是神秘。神秘内容加以夸大、虚张、传导

以自误误人,既是神秘化。去"神秘化"还有一个"破除迷信"的问题,就是利用科学的思维武装头脑,进而强化是非判断力。

（3）去除个人崇拜

瑜伽这一运动形式功利性不强,主要价值在于休闲和健身养性,长期参加瑜伽健身,能很好地锻炼体质,升华人的精神。在参加瑜伽健身的过程中,人与人都是平等的,不存在任何形式的个人崇拜主义。在没有个人崇拜的情况下参加健身,能取得理想的效果。

二、健身瑜伽健身方法指导

（一）健身瑜伽站姿与坐姿

1. 山式站姿

动作方法:双脚并拢站立,大脚趾相触,微收下颌,目视前方。重心均匀分布在双脚上,脊柱向上伸展,腰背挺直,膝关节朝前。

动作要点:脊柱保持正常生理弯曲,骨盆中正,双膝不可过伸。

2. 金刚坐

动作方法:跪姿。两膝并拢,两脚大脚趾重叠或并拢,足跟分开,臀部在两足跟之间,腰背挺直,两肩自然下沉,两手置于大腿前侧;目视前方。

动作要点:臀部在两足跟之间,腰背自然伸直。

（二）健身瑜伽经典套路基本体式

1. 礼敬式（祈祷式）

做法:山式站姿。双手在胸前合掌;目视前方,保持自然呼吸。
要点:两前臂成一线平行于地面,双脚并拢,骨盆中正。

2. 展臂式

做法:山式站姿。两臂从体侧向上伸展至头顶,掌心向前,胸骨上提,打开胸腔,以手臂带动躯干向后上方伸展,目视上方。然后保持几个呼吸,然后还原;吸气时向上,呼气时后展。

要点:头部放于两臂之间,不可过分后仰,骨盆中正。

3.站立前屈伸展

做法:山式站姿。两臂从体侧上举,上臂靠近双耳,掌心向前,延伸脊柱;髋屈曲,两手放在两脚两侧,掌根对齐足跟,屈肘,腹、胸、额依次贴近双腿。保持几组呼吸,然后还原。吸气时延展脊柱,呼气时躯干贴腿。

要点:膝关节避免过伸。

4.骑马式

做法:金刚坐姿。跪立,右腿向前迈一大步,双手置于前脚两侧,左脚的膝关节和脚趾着地,髋部向前推送下沉,脊柱充分伸展;目视前方,吸气时脊柱伸展,呼气时沉髋。

要点:后脚趾着地,两手指尖与前脚尖在一条直线上,前侧小腿垂直于地面,髋部中正下沉。

5.顶峰式

做法:金刚坐姿。身体前倾,两手置于肩下方,两臂大腿垂直于地面;脚尖回勾,伸直双膝,臀部上提,脚跟下压。吸气时臀部上提,呼气时脚跟下压。

要点:两臂头颈与后背在同一平面内,双脚并拢,脚跟压地,两腿后侧充分伸展。患有高血压或血糖偏低者谨慎练习。

6.八体投地式

做法:金刚坐姿。身体前倾,两手置于肩下方,两臂大腿垂直于地面;脚尖着地,身体前移,屈肘,胸部落于两手之间,下颌、两手、胸部、两膝及两脚尖八个部位与地面接触。吸气时准备,呼气时前移下沉。

要点:肘内收并指向正后方,两脚尖、两膝、胸部、两手掌、下颌贴地。

7.眼镜蛇式

做法:俯卧。两手放于胸部两侧,指尖对齐肩膀,肘内收,胸部上提,手掌推地,向上伸展脊柱,延伸下颌;目视上方,吸气时抬起,呼气时后展。

要点：推起前，手指尖与肩平齐在一线；推起后，胸腔打开，胸椎充分上提、后展，耻骨贴地，头不可过度后仰。

（三）健身瑜伽经典拜日式套路（12式）

拜日式，全称向太阳敬礼式，一套共有十二式。涉及七个不同体式，分别是祈祷式、展臂式、站立前屈伸展式（简称前屈）、骑马式、顶峰式、八体投地式、眼镜蛇式；拜日式十二式为一个回合，两个回合为一个完整的拜日式。拜日式第一回合的前一个骑马式右腿向后迈出，后一个骑马式开始时右腿由顶峰式屈膝回收至双手间。具体做法：山式站姿，祈祷式，吸气时双手胸前合十，目视前方。呼气时双肩下沉，放松身心。展臂式，两臂从身体两侧向上伸展至头顶，掌心向前；胸骨上提，打开胸腔，以手臂带动躯干向后上方伸展，目视上方。吸气时胸骨上提，呼气时后展。站立前屈伸展式，吸气，躯干还原直立；呼气，髋屈曲，两臂带动身体经上到前至两手放在两脚两侧，掌根对齐足根，屈肘、腹、胸、额依次贴近双腿。保持几组呼吸，吸气时脊柱伸展，呼气时躯干贴腿。骑马式，吸气，抬头右脚向后迈一大步，双手置于前脚两侧，膝盖脚趾着地，呼气，髋部前推下沉，左腿大小腿呈90度，左腿膝盖不得超过脚尖。吸气时脊柱伸展，呼气时沉髋。顶峰式，吸气，左腿向后并拢右腿，臀部上提，身体前倾，两手置于肩下方，两臂、大腿垂直，脚尖后勾，伸直双膝，呼气脚跟下压。吸气时臀部上提，呼气时脚跟下压。八体投地式，吸气身体前倾，两手置于肩下方，两臂、大腿垂直于地面；脚尖着地，呼气，身体前移动，屈肘，胸部落于两手之间，下颌、两手、胸部、两膝及两脚尖八个部位与地面接触。眼镜蛇式，两手放于胸部两侧，指尖对齐肩膀，肘内收，吸气胸部上提，手掌推地向上伸展脊柱；呼气时后展延展下颌，目视前上方。顶峰式，吸气臀部上提，呼气脚跟下压。骑马式，吸气，右脚向前迈一大步，双手置于前脚两侧，左脚的膝盖和脚趾着地，呼气髋部前推下沉脊柱伸展，目视前方。站立前屈伸展式，吸气，左腿向前并拢右腿，两手放在两脚两侧，掌跟对齐足跟，屈肘、腹、胸、额依次贴近双腿。保持几组呼吸，吸气时脊柱伸展，呼气时躯干贴腿。两臂经下至前到身体直立，展臂式，吸气胸骨上提，打开胸腔，以手臂带动躯干向后上方伸展，目视上方。吸气时胸骨上提，呼气时后展。吸气，身体还原；祈祷式，吸气双手胸前合十,目视前方。呼气双肩下沉,放松身心。第二个回合的前一个骑马式左腿向后迈出,后一个骑马式开始式左腿由顶峰式屈膝回收至双手间。其余流程同第一回合。拜日式练习从三个回合至十二个回合为宜。

第八章

球类运动健身方法研究

大众体育健身运动中包含许多球类项目。球类项目以其多变、灵活、欢乐的特点吸引着众多健身爱好者的参与。为此,本章就以大众健身中人们参与率较高的足球、羽毛球和乒乓球为例,对其健身方法进行研究,以使热爱这几项运动的健身者更好地参与其中。

第一节 足球健身方法

一、足球运动基本技术教学指导

(一)踢球技术

1.脚背正面踢球

(1)脚背正面踢定位球(图 8-1)

面对球作助跑,左脚在触球前的最后一步落于球的左侧面 10 ~ 12 厘米的位置,并做积极支撑,脚尖正对出球方向。膝关节适当弯曲,右腿小腿在大腿的带动下向后摆动,大腿的摆动幅度要小于小腿。后摆结束后以髋关节为轴,腿部作向前摆动,当膝关节摆动到球的上方时停止大腿的摆动,此时小腿作爆发式摆动,以脚背正面触球,将球踢出。

图 8-1

（2）脚背正面踢反弹球（图 8-2）

面对球作助跑，左脚在触球前根据来球的速度、运行轨迹、落点，最后一步落于球的左侧面 10～12 厘米的位置，并做积极支撑，脚尖正对出球方向。膝关节适当弯曲，右腿小腿在大腿的带动下向后摆动，大腿的摆动幅度要小于小腿。当球落地时后摆结束，然后以髋关节为轴，腿部作向前摆动动作，在球刚弹离地面时，踢球腿爆发式前摆，以脚背正面触球，将球踢出。为了控制触球高度，在脚部触球结束后小腿不应有太大的上抬动作。

图 8-2

2. 脚内侧踢球

（1）脚内侧踢定位球（图 8-3）

面对球作助跑，左脚在触球前的最后一步落于球的左侧面 15 厘米左右的位置，并做积极支撑，脚尖正对出球方向。膝关节适当弯曲，右腿小腿在大腿的带动下向后摆动，大腿的摆动幅度要小于小腿，后摆结束后以髋关节为轴，腿部作向前摆动，在前摆的过程中大腿外展，当膝关节摆动到球的上方时停止大腿的摆动，此时小腿作爆发式摆动，踢球脚脚底与地面平行,以脚内侧部位触球,将球踢出。

图 8-3

（2）脚内侧踢空中球（图 8-4）

左脚做积极支撑,脚尖正对出球方向。膝关节适当弯曲,踢球腿大腿抬起并外展,小腿微屈并绕额状轴后摆,利用小腿绕额状轴由后向前摆动,当摆至额状面时触球,将球踢出。

图 8-4

（3）脚内侧踢地滚球

面对球作助跑,在综合判断来球属性后,左脚在触球前的最后一步落于球的左侧面 15 厘米左右的位置,并做积极支撑,脚尖正对出球方向。膝关节适当弯曲,右腿小腿在大腿的带动下向后摆动,大腿的摆动幅度要小于小腿,后摆结束后以髋关节为轴,腿部作向前摆动,当膝关节摆动到球的上方时停止大腿的摆动,此时小腿作爆发式摆动,踢球脚脚底与地面平行,以脚内侧部位触及滚来的球,将球踢出。

3. 脚背外侧踢球

（1）脚背外侧踢定位球

脚背外侧踢定位球的技术动作大多与脚背正面踢球技术相同,不同点在于脚触球的部位为脚背外侧。为此,在踢球腿前摆过程的后半段,膝关节和脚尖要做内转动作,脚背绷紧,以脚背外侧部位触球,将球踢出。

（2）脚背外侧踢地滚球

脚背外侧踢地滚球的技术动作大多与脚背正面踢地滚球技术相同,不同点在于脚触球的部位为脚背外侧。为此,在踢球腿前摆过程的后半段,膝关节和脚尖要做内转动作,脚背绷紧,以脚背外侧部位触球,将球踢出。脚背外侧踢地滚球多用于来球方向为前方、外侧前方及右侧方的地滚来球。

（3）脚背外侧削踢定位球

准备动作和前摆动作与脚背外侧踢定位球的动作一致,不同点在于摆腿的方向不通过球心线,并且是以脚背外侧部位触击球的后中部,如此使踢出的球带有侧旋转,从而使球在空中划出一道弧线。

（二）停球技术

1. 脚内侧停球

（1）脚内侧停地滚球

支撑腿膝关节适度弯曲,同侧肩部和同侧脚脚尖均正对来球。面对地滚来球,停球腿大腿外展,膝部提起,脚底大体与地面保持平行,脚内侧面对来球且与地面有一个大约 70° ～ 80° 的锐角。当要触击来球的瞬间脚部要做一个迅速后撤的动作,顺势将球停在脚下。如果需要将球停在侧面,则需要脚内侧与来球方向呈相应角度后触球,停球的同时为了下一个技术动作的衔接,身体也要有适当地侧转。

（2）脚内侧停反弹球

支撑腿膝关节适度弯曲,同侧肩部和同侧脚脚尖均正对来球。面对反弹来球,停球腿大腿外展,膝部提起,身体向停球后球运行的方向偏移。接球腿小腿提起,脚尖微翘,在经过对球的反弹路线的预判后,将脚内侧对准预判后的球的反弹角度,脚内侧与地面成一锐角。当球落地反弹后,以脚内侧部位触球的中上部,触球瞬间做一个后撤动作卸力,将球停在脚下。

（3）脚内侧停空中球

支撑腿膝关节适度弯曲,同侧肩部和同侧脚脚尖均正对来球。面对空中来球,停球腿大腿外展,膝部提起,以脚内侧部位对准来球并做前迎动作,触球瞬间做一个后撤动作卸力,将球停在脚下。

2.脚底停球

(1)脚底停地滚球

支撑腿膝关节适度弯曲,面对反弹来球,停球腿膝部提起,脚底正对来球。脚底面与地面成一锐角,以脚底触球的中上部,将球停在脚下。

(2)脚底停反弹球

支撑腿膝关节适度弯曲,面对反弹来球,停球腿膝部提起,脚底正对来球。在经过对球的反弹路线的预判后,将脚底对准预判后的球的反弹角度,此时脚底面与地面成一锐角。当球落地反弹后,以脚底触球的中上部,将球停在脚下。

3.脚背外侧停球

脚背外侧停球非常适合停地滚球和反弹球。

(1)脚背外侧停地滚球

支撑腿膝关节适度弯曲,面对地滚来球,脚内翻使小腿和脚背外侧与地面成一锐角,并对着停球后球运行的方向,脚背外侧与地面有一个大约70°～80°的锐角。当要触击来球的瞬间,大腿向接球后球运行的方向推送将球停在脚下,为了下一个技术动作的衔接,同时身体随球移动。

(2)脚背外侧停反弹球

支撑腿膝关节适度弯曲,面对反弹来球,在经过对球的反弹路线的预判后,将脚背外侧对准预判后的球的反弹角度,脚背外侧与地面有一个大约70°～80°的锐角。当要触击来球的瞬间,大腿向接球后球运行的方向推送将球停在脚下,为了下一个技术动作的衔接,同时身体随球移动。

4.胸部停球

(1)挺胸式停球

挺胸式停球技术主要在接高空来球时使用。

身体面对来球方向,两腿稍微弯曲,上体略后仰,两臂自然张开。触球瞬间两脚蹬地,膝关节伸直,用胸部触球的中下部,球在轻微弹起后落于身体前方。

（2）收胸式停球

收胸式停球技术主要在接平直来球或反弹球时使用。

身体面对来球方向,两腿稍微弯曲,上体略后仰,两臂自然张开。触球瞬间迅速收腹、缩胸,如此来缓冲来球的力量,用胸部触球的中上部,将球停于身体前方,并快速用脚将球控制。如果需要将球停到身体侧方,则需要在触球瞬间作转动身体的动作。

（三）运球技术

1. 脚内侧运球

脚内侧运球的原则为：运动过程中支撑脚始终要位于球的侧前方。具体动作为：支撑腿膝关节微屈,肩部朝向运球方向,运球腿屈膝提起,用脚内侧推动球使球前进,每推动一下,运球脚着地一次。

这种运球技术的特点在于速度较慢、控球精确、利于护球。

2. 脚背正面运球

在跑动过程中上体稍前倾,步幅控制得当。运球腿膝关节弯曲并提起,髋关节前送,当运球脚即将着地前用脚背正面触球,将球向前推送。

这是一种在跑动中运球的技术,其具有运球速度快的特点。但由于动作中有将球推离身体的环节,推球太远容易被断球,推球太近又难以加快推进速度,因此对运球人掌控推球距离有较高要求。

3. 脚背外侧运球

脚背外侧运球与脚背正面运球相同,也是在跑动中做出的运球技术。在跑动过程中上体稍前倾,步幅控制得当。运球腿膝关节弯曲并提起,髋关节前送,当运球脚即将着地前脚尖绕矢状轴向内旋转,用脚背外侧触球,将球向前推送。

脚背外侧运球技术的特点基本与脚背正面运球一致。其不同点在于由于脚腕的动作非常灵活,在运用脚背外侧运球技术时就非常有利于改变前进方向或做急停急起。

（四）头顶球技术

1. 前额正面头顶球

眼看来球，身体面对来球方向，两脚分开站立，膝关节稍微弯曲，两臂自然张开。当球即将到达头顶位置时根据高度以适度力量起跳，身体在空中做前摆动作，触球瞬间颈部发力振摆，以前额正面触球的中部，将球顶到指定位置。

2. 前额侧面头顶球（图 8-5）

眼看来球，身体面对来球方向，两脚分开站立，出球方向的异侧脚在前，膝关节稍微弯曲，两臂自然张开。当球即将到达头顶位置时根据高度以适度力量起跳，上体随着向出球方向扭摆，用力向击球方向甩头，触球瞬间颈部发力振摆，以前侧面触球的中部，将球顶到指定位置。

图 8-5

（五）抢断球技术

1. 正面跨步堵抢

抢球者面向运球者，两脚分开两膝微屈站立，身体重心保持在较低水平。当运球者距离抢球者的距离为在抢球者一个大跨步之内或运球者刚刚接球时，抢球者一腿发力蹬地向前跨步，以脚内侧封堵球。堵截球成功后另一脚随上进一步阻断对方的控球，并伺机抢得球的控制权。

2.合理冲撞抢球

合理冲撞抢球的技术动作为：基于防守者在与运球者并肩追球的条件下，防守者压低身体重心，接触运球这一侧的手臂贴于身体，在抓住对方同侧脚离地的瞬间以肩部撞击对方同等部位，当运球者身体失衡后趁机抢球。

3.正面铲球

铲球者向控球者靠拢，双腿膝关节适度弯曲，重心保持在较低位置。当控球者运球将球推离身体的时候，铲球者的铲球腿沿地面向球滑铲，过程中以手扶地做支撑，铲球后身体做向一侧翻滚的保护动作，然后尽快起身。

二、足球运动基本战术教学指导

（一）局部进攻战术

1.传切配合

传切配合是指带球球员传球给切入到空当之中的球员的配合方法。传切配合是多种足球战术配合中的基础，在实践当中的运用也是最多的。常用的传切配合有局部传切和长传转移切入两种。局部传切配合根据传球和跑动线路的不同还可分为直传斜切和斜传直切。而长传转移切入主要应用于当在一个区域中传切受阻时将球以长传的方式转移到弱球员切入的区域的情况。

2.交叉掩护配合

交叉掩护配合是两名球员在局部进行交叉跑位，并以自己的身体为同伴进行掩护使其摆脱对方防守球员的配合方法。

3.二过一配合

（1）斜传直插二过一配合。运球球员将球以斜线传至对方防守球员的身后，本方同伴跑直线接传球的配合方法。

（2）直传斜插二过一配合。运球球员将球以直线传至对方防守球员的身后,本方同伴跑斜线接传球的配合方法。由于直线的距离相对斜线更短,因此传球者对直线传球的力道要掌控得当。

（3）斜传斜插二过一配合。运球球员将球以斜线传至对方防守球员的身后,本方同伴跑斜线接传球的配合方法。

（4）回传反切二过一配合。接应队员在受到贴身防守时面对同伴传来的身前球先做回撤回传,此时借助对方球员的紧逼上前的契机突然反切再接同伴的传球的配合。

（二）局部防守战术

1. 保护

保护是负责保护的球员站在被保护球员身后或身旁适当距离,以防止被保护球员可能出现的防守不利的情况,以此给防守的同伴以较大的心理支持的战术。当保护形成之后,被保护的球员可以放下后顾之忧,全力防守进攻球员,如此更敢做动作,因为即便防守可能出现失误,在有保护的前提下也不会造成防线崩溃。另外,防守球员一旦抢断成功,做保护的球员也可以成为第一接应点,如此有利于快速进行攻防转换。保护战术的要求有以下几个。

（1）保护队员与被保护队员之间的距离要根据实际情况确定。如果以场区为依据的话,后场相距 3 ~ 5 米、中前场相距 4 ~ 8 米为宜。如果以对方进攻球员的特点为依据的话,应为当面对速度型球员时保护队员与被保护队员之间的距离要适当拉大,以防对方一个加速突破两名防守球员,而如果防守的是技术型球员,则保护与被保护队员之间的距离应适当缩小。

（2）保护队员的选位要视具体情况而定。如果防守球员重点防守对方切内线,则保护球员的站位就要更加偏向外线,反过来则应该更加偏向内线。如此给进攻球员的感觉是不论往哪个方向突破或传球都会有受到阻力的感觉。

（3）保护队员的选位要关注到攻守双方人数的情况。如果是二防一的情况,则可以全力保护和夹击。如果是二防二的情况,则既要做好保护,还要兼顾防守自己的盯防球员。如果是二防三的情况,在没有把握的情况下不要做出幅度过大的防守动作,以免被轻易突破,此时应重在延缓对方的推进速度,为同伴争取到回防时间。

（4）由于做保护的队员站在被保护队员的身后,他的视野更为全面,因此保护者要适时指导队友的选位和做其他提示,以让这一区域的防守更加有效。

2.补位

补位是防守队员对已经出现防守失误的同伴提供弥补性防守的战术配合。在实际的足球比赛中,防守端总难免出现失误的情况,但如果队员间相互协调、配合默契,是可以通过补位的方式重新占据防守主动权的。为了做好补位防守应注意以下几点。

（1）补位的契机多为后腰或后卫球员插上助攻却来不及回防时,临近防守位置的队员应给予暂时性补位,如此能基本保持防守阵型不残缺,避免对方利用空当打反击。

（2）当同伴被突破后,临近的球员要及时补位,被突破的球员要顺势补到保护球员的位置上。

（3）守门员出击时,离球门最近的球员回撤到门线补防。

（三）整体进攻战术

1.边路进攻

边路进攻是指最后发起进攻的阶段位置为球场的边路区域的进攻配合。发起边路进攻的方式有两个,一个是进攻始终在边路发起,另一个是进攻起初的发起点是在中路,但最终的进攻发起点是在边路。边路进攻实际上的战术思想为充分利用球场的宽度来拉扯对方的防线,并从中找到进攻机会。这种战术能相对削弱对方中路坚实的防守。边路进攻的打法主要有以下几种。

（1）边锋在边路区域靠个人能力运球,谋求突破对方的防线。

（2）边锋与中锋或前卫做二过一配合后打穿对方的防线。

（3）边锋与中锋做交叉换位配合后创造射门机会。

（4）边锋与前卫作套边配合。

2.中路进攻

中路进攻是指最后发起进攻的阶段位置为球场的中路区域的进攻配合。常见的中路进攻配合方式如下。

（1）中路运球突然远射。

（2）球员在中路区域靠个人能力运球，谋求突破对方的防线或寻求射门良机。

（3）利用小范围的短传在对方中路做配合，从而获得射门机会。

（4）中锋回撤致使拉出对方中卫球员，然后反切接应获得射门机会。

（5）中锋球员左右横扯，干扰对方中卫的站位，使其他球员能利用上可能出现的空当插上射门。

（6）中路头球摆渡配合。

（7）中路任意球战术配合。

（四）整体防守战术

1. 人盯人防守

人盯人防守是每名防守球员都有自己主要看管的进攻球员的防守战术。人盯人防守的优势在于对对方的进攻能提供最大限度的压制，但不足在于对防守球员的体能有较高要求。

人盯人防守时应注意以下几点。

（1）承担人盯人任务的球员要有较强的单兵防守能力。

（2）同伴要有较强的协防和补防意识，如此来保证整体人盯人防守的严密性。

（3）防守球员要拥有出色的体能，否则难以支撑太长时间的人盯人防守。

2. 区域盯人防守

区域盯人防守，是给每名防守球员划定防守区域，当进攻人进入到这个区域后由该区域的防守者进行防守，当进攻人离开这个区域后，该区域的防守球员便不再负责防守。尽管如此，区域盯人防守战术仍旧强调防守球员彼此之间的配合，如做好适当的补位或协防等，以此保证整体防守的有效性。区域与区域之间的衔接处是这种防守战术的薄弱环节，实践中往往会由于两名防守球员因职责不明而造成防守失败的情况发生。

第二节　羽毛球健身方法

一、羽毛球运动基本技术教学指导

（一）发球

发球，是羽毛球一个回合比赛的起始技术。它是唯一一项不会受到对手干扰的技术，是进攻组织的开端。一个质量较高的发球会给对手的进攻组织带来困难，因此，掌握过硬的发球技术就显得非常重要。关于羽毛球发球的规则主要有：发球方在发球时不能移动，且两脚都要有接触地面的部分。击球前，拍杆应指向下方，使整个拍框明显低于发球员的整个握拍手部。摆放球至球松手下落前的位置要低于发球员的腰部。击球瞬间，球拍要首先击中球托。

发球有正手和反手两种方式。

1. 正手发球

（1）正手发后场高远球

左手稳定持球站好，持球位置位于胸前，右手持拍向右后上方摆起，右脚跟适当提起。准备姿势结束后左手松手球下落，此时右脚蹬地，右臂在右脚蹬地和转腰的带动下向前上方挥拍击球，球触拍面的位置为球拍的中上部"甜点"。手在击球瞬间要做一个突然发力握紧的动作，并且闪动手腕，总体构成一个向前上方鞭打击球的动作。击球后手臂做惯性动作以保持动作的完整性。过程中身体重心从右脚移至左脚。动作完成后快速还原准备下一拍回接。

（2）正手发后场平高球

左手稳定持球站好，持球位置位于胸前，右手持拍向右后上方摆起，右脚跟适当提起。准备姿势结束后左手松手球下落，此时右脚蹬地，右臂在右脚蹬地和转腰的带动下向前上方挥拍击球，球触拍面的位置为球拍的中上部"甜点"。在触球瞬间前臂加速带动手腕发力，拍面稍向前上方推进。击球后手臂做惯性动作以保持动作的完整性。过程中身体重心从右脚移至左脚。动作完成后快速还原准备下一拍回接。

（3）正手发后场平快球

发后场平快球时的站位要适当靠后一些。左手稳定持球站好，持球位置位于胸前，右手持拍向右后上方摆起，右脚跟适当提起。准备姿势结束后左手松手球下落，此时右脚蹬地，右臂在右脚蹬地和转腰的带动下向前上方挥拍击球，球触拍面的位置为球拍的中上部"甜点"。在触球瞬间要充分利用前臂带动手腕的爆发力快速向前方击球，使球刚好能从对方肩部上方经过，这是对方不容易处理球的位置。击球后收拍到胸前，然后快速还原准备下一拍回接。

（4）正手发网前球

发网前球时的站位要适当靠前一些。整体动作要小，重心在左脚上，右脚跟提起。准备姿势结束后左手松手球下落，由前臂带动手腕使拍面从右向左斜切击球。为了获得最佳的发球效果，要特别注意控制力道，以使球能刚好越过球网为宜且落点在对方相应场区内最靠近发球线的位置。击球后，快速还原准备下一拍回接。

2.反手发球

（1）反手发平球

反手发平快球时的站位要适当靠后一些。左手稳定持球站好，持球位置位于胸前，右手向左后方引拍。准备姿势结束后左手松手球下落，右小臂在肩部和大臂的协同带动下向右前上方挥拍击球，触球瞬间手腕要有一个抖动的爆发动作，拍面要有"反压"动作，如此使球刚好从对方肩部上方经过。击球后收拍到胸前，然后快速还原准备下一拍回接。

（2）反手发网前球

发网前球时的站位要适当靠前一些，整体动作幅度要小。准备姿势结束后左手松手球下落，由前臂带动手腕使球拍由后向前推送，拍面呈切削式击球。为了获得最佳的发球效果，要特别注意控制力道，以使球能刚好越过球网为宜且落点在对方相应场区内最靠近发球线的位置。击球后，快速还原准备下一拍回接。

（二）接发球

接发球是回接对方发球的技术。接发球技术主要有站位、准备姿势和接球三个部分组成。

1. 站位

接发球站位的选择所涉及的因素众多。一般来说,单打的接发球站位为距离前发球线 1.5 米左右位置。以右手持拍球员为例,在发球区内应站在偏左的位置,以期能够更多用正手来接球。双打时的接发球站位可适当前移,这是因为双打的发球场区面积较单打更小,所以发高远球容易被对方直接反击,这让双打的发球更多以网前球为主,因此双打的接发球站位才可适当前移。

2. 准备姿势

以右手持拍选手为例。接发球的准备姿势为左脚在前,右脚在后,重心在左脚,后脚跟稍提起,身体侧对球网。含胸收腹,双膝稍微弯曲,右手自然放松持拍。

3. 接球

当对方发来平快球时,多采用平高球、平推球、劈吊、劈杀的技术来回接,这是一种以快制快,破坏对方妄图发球后直接转为进攻的战术意图。与此同时也可使用高远球技术回接,并做好充足的防守准备。如果对方发网前球,多采用平高球、挑高球、回放网前球的方式回接;如果对方网前球质量不高,还可以直接采用扑网前球的方式来回接。

（三）击球

1. 后场击球

（1）高球

①正手击高球。在准确判断来球属性后,侧身后退,重心在右脚上。左肩对准来球方向,当球飞至右肩前上方时,左臂屈肘自然高举,右臂自然弯曲举拍在右肩上方,右上臂后引,肘关节上提高于肩,引拍到头后部。击球时,右脚蹬地,以腰部的转动带动肩部,以肩带手向前上方甩腕击球。击球后,持拍手臂在惯性作用下继续向左下方挥动以使动作完整,过程中身体重心转移至左脚。

为了获得快节奏的击球,正手击高球也可以跳起击球。技术要点为右脚起跳,身体在空中扭转,在一系列的带动作用下完成击球。跳起击球的击球点应为起跳离地后的最高点。

②头顶击高球。在准确判断来球属性后,侧身后退,重心在右脚上。左肩对准来球方向,当球飞至左肩与头部之间的位置时,左臂屈肘自然高举,右臂自然弯曲举拍在右肩上方,右上臂后引,肘关节上提高于肩,引拍到头后部。击球时,右脚蹬地,以腰部的转动带动肩部,以肩带手向前上方甩腕击球。击球后,持拍手臂在惯性作用下继续向左下方挥动以使动作完整,过程中身体重心转移至左脚。

③反手击高球。在准确判断来球属性后,身体转向左后方,这里需要使用到一个交叉步,身体重心落到右脚,身体右肩对准来球。手部迅速转为反手握拍法,持拍于右胸前。当球飞至几乎与右肩在一个面上时自下而上地甩腕,将球击出。发力要注重运用好两腿蹬地和转腰的力量。

（2）吊球

①正手吊球。在准确判断来球属性后,侧身后退,重心在右脚上。左肩对准来球方向,当球飞至右肩前上方时,左臂屈肘自然高举,右臂自然弯曲举拍在右肩上方,右上臂后引,肘关节上提高于肩,引拍到头后部。击球时,拍面稍向内倾斜,手腕快速切削下压动作,击球托的后部和右侧,如此可以吊出直线球和斜线球。

②头顶吊球。在准确判断来球属性后,侧身后退,重心在右脚上。左肩对准来球方向,当球飞至左肩与头部之间的位置时,左臂屈肘自然高举,右臂自然弯曲举拍在右肩上方,右上臂后引,肘关节上提高于肩,引拍到头后部。击球时,中指、无名指和小指屈指外拉拍柄,使拍子内旋,拍面前倾,以斜拍面击球托的正中部位或左侧部位,如此可以吊出直线球和斜线球。

③反手吊球。在准确判断来球属性后,使用交叉步使身体转向左后方,身体重心落到右脚,身体右肩对准来球。手部迅速转为反手握拍法,持拍于右胸前。击球时,用球拍反面切削球托的后中部或左侧,如此可以吊出直线球和斜线球。

（3）杀球

①正手扣杀球。在准确判断来球属性后,侧身后退,重心在右脚上。左肩对准来球方向,当球飞至右肩前上方时,左臂屈肘自然高举,右臂自然弯曲举拍在右肩上方,右上臂后引,肘关节上提高于肩,引拍到头后部。击球时,右脚蹬地跳起,在空中身体后仰成反弓后收腹用力,以肩

带手向前下方甩腕击球。击球后,持拍手臂在惯性作用下继续向左下方挥动以使动作完整,过程中身体重心转移至左脚,然后快速还原。

②反手扣杀球。在准确判断来球属性后,身体转向左后方,最后一步右脚向左后侧跨出,背对球网,手部迅速转为反手握拍法,持拍手屈臂将球拍举至左肩上方。当球下落到右肩上方时,左脚蹬地转腰,以腰带肩、以肩带手、以手带腕、以腕带指快速向后下方发力击球。

2. 中场击球

(1)抽球

①正手抽平球。在准确判断来球属性后,右脚向同侧方迈出一小步,上体微右倾,手臂向右侧上摆,左脚跟提起。小臂向后方引拍并带有一些外旋,手腕后伸。击球时,依靠小臂的快速向前摆动发力,手腕由后伸至伸直闪腕,由后向前平直抽球将球击出。击球后,持拍手臂在惯性作用下继续向前方挥动以使动作完整,然后快速还原。

②正手抽底线球。在准确判断来球属性后,左脚蹬地,右脚向正手底角跨出,侧身向网,上体向右后倒,手臂向右举拍,大臂与小臂约成120°。小臂向后方引拍并带有一些外旋,拍面稍后仰。击球时,依靠小臂的快速向前摆动发力,手腕由后伸至伸直闪腕,由后向前上方击出高远球,或向前方击出平球。击球后,持拍手臂在惯性作用下继续向前方挥动以使动作完整,然后快速还原。

③反手抽平球。在准确判断来球属性后,身体转向左后方,最后一步右脚向左后侧跨出,背对球网,手部迅速转为反手握拍法,屈肘并稍上抬,小臂内旋手腕外展,球拍引向左侧。当球下落到右肩上方时,小臂在向前挥拍的同时外旋,手腕由外展到伸直闪腕,拇指前顶,迎球挥拍击球。击球后持拍手随身体在惯性的带动下收回到右侧前。

(2)半蹲快打

半蹲快打技术是球员在中场区域附近面对稍高于头的高度的来球时采用的一种击球方法。半蹲快打击出的球的特点为线路平直、速度快、侵略性强。这种技术在双打比赛中运用较多。

站位中场区域,两脚分开,平行站立或右脚稍前站立,身体重心下降,呈半蹲姿势。持拍手右后方引拍,击球时前臂向前带动手臂,触球瞬间手腕抖动式发力击球,击出平直球的效果。随后快速还原准备下一拍击球。

3. 前场击球

（1）放网前球

①正手放网前球。在准确判断来球属性后，持拍手一侧肩部对网，右脚向右前方跨大步，球拍向右前上方斜举。击球时，右臂和手腕自然后伸，小臂稍外旋，手腕由后伸至稍内收转动，食指和拇指夹住球拍，由此控制好击球的力度轻击球托底部送球过网。击球后快速还原并回到基础位置。

②反手放网前球。在准确判断来球属性后，持拍手一侧肩部反身对网，右脚向左前方跨大步，球拍向左前上方斜举。击球时，前臂前伸、外旋，手腕内收至外展，食指和拇指夹住球拍，由此控制好击球的力度轻击球托底部送球过网。击球后快速还原并回到基础位置。

（2）搓球

①正手搓球。在准确判断来球属性后，持拍手一侧肩部对网，右脚向右前方跨大步，球拍向右前上方斜举。击球时，右臂和手腕自然后伸，小臂稍外旋，手腕稍后伸，食指和拇指夹住球拍，手指、手腕放松，由此控制好击球的力度用正拍面搓击来球的底部，使球滚过网。击球后快速还原并回到基础位置。

②反手搓球。在准确判断来球属性后，持拍手一侧肩部反身对网，右脚向左前方跨大步，球拍向左前上方斜举。击球时，前臂前伸，手腕前屈，握拍手背部高于拍面，反拍迎球，主要靠前臂的前伸外旋和手腕由内收至展腕的合力，搓球的侧后底部使球侧旋翻滚过网。击球后快速还原并回到基础位置。

（3）勾对角线球

①正手勾球。在准确判断来球属性后，身体快速移动至网前，向右前方斜平举球拍，前臂稍外旋，手腕稍后伸，在食指和拇指的捻动下使拍框近乎侧对球网。击球时，前臂稍内旋并往左拉收，手腕抖动式内收，拍面对准对角线方向后击球托的右侧下部，使球在仅仅高于网的高度飞过，落点为对方网前区域。击球后快速还原并回到基础位置。

②反手勾球。在准确判断来球属性后，身体快速移动至网前，成反手握拍姿势后向左前方斜平举球拍。击球时，肘部下沉，上臂稍外旋，手腕后伸闪腕，在拇指和中指的捻动下使拍框近乎侧对球网，拨击球托的左侧下部。使球在仅仅高于网的高度飞过，落点为对方网前区域。击球

后快速还原并回到基础位置。

（4）推球

①正手推球。在准确判断来球属性后，身体快速移动到位，向右侧方平举球拍，前臂稍外旋，手腕稍后伸，小指与无名指稍松开，使拍柄离开手掌。击球时，拍面后仰，手腕由后伸直并且闪腕，食指向前压下，球拍快速地由右经前向左挥动击球的中部。击球后快速还原并回到基础位置。

②反手推球。在准确判断来球属性后，身体快速移动到位，向左侧方平举球拍，臂向左胸前收引，手腕稍外展，拇指顶住拍柄的内侧宽面。击球时，拍面后仰，前臂往前伸的同时外旋，手腕由稍外展到伸直抖腕，拇指顶压，向前挥动击球的中部将球推出。击球后快速还原并回到基础位置。

（5）扑球

①正手扑球。在准确判断来球属性后，左脚蹬地后右脚再发力蹬跃，使身体腾空跃起。此时前臂前伸稍外旋，腕关节后伸，拍面正对来球。击球时，在前臂的带动下手腕、手指作爆发抖动式发力，将球下压击出。击球后快速还原并回到基础位置。另外，当遇到的来球距离网带很近，要避免球拍触网犯规时，可采用手腕从右向左下压球的方式扑球。

②反手扑球。右脚向左跨步，并蹬跳上网，调整为反手握拍法，举拍至左前上方，拍面正对来球。击球时，手臂伸直并外旋，拇指顶压拍柄上端，在前臂的带动下手腕手指作爆发抖动式发力，将球下压击出。击球后快速还原并回到基础位置。

二、羽毛球运动基本战术教学指导

（一）单打战术

1. 发球战术

根据对手的站位、反击能力，采用多变准确的发球来造成对方接球困难，从而限制对方的攻势，直接或间接为本方创造进攻的机会。

2. 攻后场战术

针对对方后场还击能力差（尤其是左后场区），或急于上网的对手，可重复压后场底线,突击杀、吊或反复后场直线,突出对角线。

3. 打对角线战术

不论是进攻还是防守,均以打对角线为主,造成对方重心不稳,被动失误。

(二)双打战术

1. 攻人战术

集中力量攻击对方弱者,达到"二打一",避其所长,攻其所短。

2. 攻中路战术

对方分边站位时,将球尽可能地攻到两人之间的空隙区,造成对方抢球或漏球等错误。如对方前后站位,可将球击向前后两人之间的边线空当。

第三节 乒乓球健身方法

一、乒乓球运动基本技术教学指导

(一)发球

1. 正手平击发球

正手平击发球是最为简单和易上手的发球方法。这种发球发出的球的性质为速度一般,略带上旋。正手平击发球的动作为站在近台中间偏左处,抛出球后右手向右上方引拍,然后在大臂的带动下由前臂向前平行挥动击球,触球时的拍形略向前倾,击球的中上部。

2. 正手发右侧上旋急长球

正手发右侧上旋急长球的性质为球速快、落点长、角度大、弧线低、突然性强。球在空中飞行时会向左划出一道弧线。这种发球的方法为站在近台中间偏左处,左脚稍前,身体略微向右转。抛出球后右手向右后方引拍,然后在大臂的带动下前臂由右后方向右前方挥动,拍形稍前倾,触球瞬间手腕要施加给球一个摩擦力增加球的旋转。发球后,身体重心从右脚转换至左脚。

3. 正手发下旋与不转球

正手发下旋与不转球有长短之分。就短的下旋球和不转球来说,发出的球的性质为球速较慢、旋转变化大。这种发球的威胁在于看似同一种动作却能发出旋转属性截然不同的球,如此可极大迷惑对手。正手发下旋或不转球的动作为:站位中路偏反手,左脚在前。抛球后,腰部向右转带动手臂向右后方引拍,手腕稍向内旋,身体重心在右脚上。当球下落到与网同高时向左转腰,重心发生转移,在转腰的带动下,右臂回转击球,触球的位置为球的中下部,触球瞬间手腕快速抖动施加给球一个极大的摩擦力以增加球的旋转。如果要发出不转球,则在触球的瞬间以撞击力为主,并不施加给球较大的摩擦力。

4. 反手平击发球

反手平击发球的出球性质与正手基本一致,但动作截然不同。反手平击发球的站位为:中路偏反手或中路,左脚在后,右脚在前。抛球后,向左转腰,转腰带动外旋的右臂向身体左后部引拍,当球下降至与网同高时,击球的中上部。

5. 反手发急球

反手发急球对对手的迷惑性很大,也容易打乱对方的接发球节奏。所以这种发球方法的战术意味极强。反手发急球的动作为:站位中路偏反手,或站位中路,左手抛球,向左转腰,转腰带动外旋的右臂向身体左后部引拍,当球下降至与网同高时,稍压拍击球的中上部,触球时手腕给球施加一个摩擦力以增加球的旋转部配合向右转动。

（二）接发球

1. 站位与判断

（1）选择站位

站位的选择很大程度上是由对方的站位决定的,此外,决定站位的还有所站的位置能否让自身更大面积地照顾到多种来球落点。通常情况下,当对方站在中路偏反手位置时,我方也应选择对应的这个位置,并以一个垫步可以扑到正手为宜。若对方站在中路偏正手的位置,我方则应站在相应位置,或站在中路。如果是在接发球阶段,站位距离球台有 30 ~ 40 厘米最为理想。

（2）判断来球的属性

①方向的判断。判断发来的球的方向主要看对方发球时的站位、挥拍方向和挥臂方向等条件。来球线路只有直线和斜线两种,直线球对方的挥拍和挥臂方向与出球线路基本一致,斜线来球拍面要向侧方向偏斜,手臂也会向斜前方挥出。只是不同斜度的线路挥拍和挥臂的斜度不同而已。

②旋转的判断。板形、出手、动作轨迹和球的弧线是判断来球旋转属性的关键。

板形:板形前压发出的是上旋球;板形后倾发出的是下旋球;板形垂直发出的是平击球。

出手:出手瞬间为撞击球的为不转球;出手瞬间为发力摩擦球的为带有较强旋转的球。

动作轨迹:上旋球和不转球在球发出后,球拍往往会有一个上抬的轨迹。而发下旋球后,球拍的轨迹往往是向下的。当然,为了迷惑对手,几乎所有高水平选手都会在击球后的动作轨迹的隐藏上做足文章。

弧线:上旋球的弧线较大,球在高点期后有加速下坠的情况;不转球的弧线偏正常;下旋球的弧线较小,球在高点期后的下坠速度较慢。

2. 接发球方法

接下旋短球:一般情况下多以搓球回摆短或劈长的接法为主。

接下旋长球:一般可使用搓球、削球回接。但由于来球是出台的,所以采用更加积极的弧圈球技术更容易占据主动。

接上旋转：较常使用正反手攻球或推挡技术回接，回接的攻击性如何很大程度上取决于对施加给球向前的力量的把控。

接近网短球：通常使用快搓、快点或台内挑打的技术回接。

接转与不转接：在对来球旋转判断准确的基础上使用搓、摆、挑等技术回接；对来球旋转不能准确判断时可采用轻托的方式回接。

接左（右）侧下旋球：根据来球的左右旋转属性相应调整球拍的倾斜方向，并采用搓、劈长的技术回接。如果来球较高，则可以考虑用进攻性更强的攻球和快推技术回接，此时要格外注意拍面角度，必要时还应给球施加一个摩擦力以给球顺利过网加上一个保险。

接左（右）侧上旋球：根据来球的左右旋转属性相应调整球拍的倾斜方向，常采用推、攻的技术回接。如果来球上旋强度很大，则球拍要更加前倾，向前方发力。

接高抛发球：在准确判断旋转的基础上采用适当的技术回接。由于高抛发球对方抛起的球很高，因此要将注意力更多放在对方击球的瞬间上，而不要被较高的抛球分散了注意力，从而没有关注整体的发球动作。

接急球：急球通常带有上旋，为此，在接球时可采用拉或攻的技术。如果来球为半不出台球，则可选择快带、反撕等技术回接。

接不同性能球拍的发球：长胶、生胶等颗粒胶发出的球通常为不转球，即便有旋转，旋转也并不会很强。

（三）挡球和推挡球

1. 挡球

挡球主要是通过借助来球的力量做出回接球的技术。由于其力量来源为来球的力量，所以挡出的球的性质通常较慢，是一项防守性很强的技术。挡球的动作为：站位中近台，两脚平行站立。面对来球，前臂和手腕要稍向前移动，以此能更好地借力。当来球处于一跳后的上升期时触击球的中部，拍形根据来球的力量稍前压，如果来球为前冲弧圈球，则需进一步增加下压的角度。击球之后快速还原，准备下一板击球。

2. 加力推

加力推是在挡球的基础上给球施加更多的向前的力的一种技术，

这是一项非常有效的由守转攻技术。加力推出的球的性质主要为球速快,有一定攻击力。加力推技术的关键就在于手臂力量的充分发挥。具体的动作方法为:站位中近台,两脚平行或右脚稍前,两膝微屈,收腹含胸,右上臂和肘关节靠近身体右侧,前臂外旋。面对来球引拍至身前,当球跳起与网同高或略高于网时前压拍面,腰、髋协同转动,上臂、前臂和手腕在转腰的带动下向前主动迎球,此时触击球的中上部。击球后,快速还原准备下一板击球。

3. 减力挡

减力挡是在挡球的基础上减力而成的技术。减力挡的出球性质为弧线低、落点短。这项技术主要是面对对方较大力量的杀板球时使用。减力挡的动作为站位中近台,两脚平行站立。当来球处于一跳后的上升期时触击球的中部,球拍保持适当的前倾角度,在触球瞬间手臂有一个减力后撤的动作,以此达到卸掉来球力量的作用。击球完成后,快速还原准备下一板击球。

4. 快推

快推属于一种由守转攻的技术,它也是以借力为主,具有球速快、力量轻的特点。快推的技术动作为:站位中近台,两脚平行站立或右脚略后,两膝微屈,收腹含胸,身体略向前倾且左转,右上臂和肘关节靠近身体右侧。手自然弯曲,引拍至身前,前臂外旋,拍面前倾。当来球在一跳后的高点期时以腰带手,前臂和手腕向前主动迎球,推击球的中上部。击球瞬间,在借助来球力量的同时,前臂和手腕向前稍微发力,将球快速击回。击球完成后,快速还原准备下一板击球。快推技术的要点在于推出大角度线路的球,如此才能增加这项技术的威胁性。

(四)攻球

1. 正手快攻

正手快攻技术具有站位离台近、动作速度快、动作幅度小等特点。如果在应用中能借助好对方来球的力量则效果更佳,是一种非常积极主动的进攻技术。正手快攻技术的动作为站位近台或中近台,左脚稍前,右脚稍后,两膝微屈,收腹含胸,身体稍向右转,重心在右脚。右臂自然弯曲,在腰部向右转动的带动下,手臂引拍至身体右侧偏后的位置,前臂内旋拍面稍前倾。当球在一跳后处于上升末期或高点期时,经腰部带动上臂,上臂带动前臂,前臂带动手腕由右后方向左前方挥拍迎击球,击球位置为球的中上部,这一过程中身体重心由右脚转移至左脚。击球后在惯性影响下做出随上动作,然后迅速还原,准备下一板击球。

2. 反手快攻

反手快攻的技术属性与正手快攻相同。反手快攻技术的动作为站位近台或中近台,右脚稍前,左脚稍后,两膝微屈,收腹含胸,身体稍向左转,重心在左脚。右臂自然弯曲,在腰部向左转动的带动下,手臂引拍至身体前或身体左侧偏后的位置,前臂外旋拍面稍前倾。当球在一跳后处于上升末期或高点期时,经腰部带动上臂,上臂带动前臂,前臂带动手腕由身前或左后方向右前方挥拍迎击球,击球位置为球的中上部,这一过程中身体重心由左脚转移至右脚。击球后在惯性影响下做出随上动作,然后迅速还原,准备下一板击球。

3. 正手扣杀

正手扣杀技术具有动作幅度大、球速快、攻击性强等特点,是一项非常有杀伤力的进攻技术。正手扣杀技术的动作为站位中近台或中台,左脚稍前,右脚稍后,两脚分开的距离比攻球更宽,身体重心在右脚上,右臂自然弯曲,在腰部向右转动的带动下,手臂引拍至身体右侧偏后的位置,前臂内旋拍面稍前倾。当球在一跳后处于高点期时,经腰部带动上臂,上臂带动前臂,前臂带动手腕由右后方向左前方以前倾拍形猛击球的中上部,这一过程中身体重心由右脚转移至左脚。击球后在惯性影响下做出随上动作,然后迅速还原,准备下一板击球。如果来球为下旋球,则拍形的前压要适度,如果还以回击上旋球的前倾角度回击下旋来球,则会增加回球下网的概率。

4. 反手扣杀

反手扣杀技术主要为直板选手使用,其具有动作幅度大、球速快、攻击性强的特点。以直板选手的反手扣杀技术为例,其动作为站位中近台或中台,右脚稍前,左脚稍后,两脚分开的距离比攻球更宽,身体重心在右脚上。右臂自然弯曲,在腰部向右转动的带动下,手臂外旋,拍面前倾。当球在一跳后处于高点期时,上臂带动前臂,前臂带动手腕由左后方向右前方猛击球的中上部,这一过程中身体重心由左脚转移至右脚。击球后在惯性影响下做出随上动作,然后迅速还原,准备下一板击球。

（五）弧圈球

1.前冲弧圈球

前冲弧圈球具有弧线低、球速快、旋转强的特点。这是一种完美结合了速度与旋转的进攻技术。

（1）正手拉前冲弧圈球

前冲弧圈球主要施加给球的是一个向前的摩擦力和撞击力,因此动作中身体的重心不能放置得过低。正手前冲弧圈球的动作为两脚分开,大于肩宽,左脚稍前,右脚稍后,重心在右脚上,身体略右转。手臂自然弯曲,肘关节略近身,手腕内收,板形前压,引拍时前臂内旋拉向身体右后方。当球在一跳后处于上升末期或高点期时,经腰部带动上臂,上臂带动前臂,前臂带动手腕由右后方向左前方挥拍击球的中上部,触球的瞬间手指手腕快速内收摩擦球,这一过程中身体重心由右脚转移至左脚。击球后在惯性影响下做出随上动作,然后迅速还原,准备下一板击球。

（2）反手拉前冲弧圈球

反手前冲弧圈球的动作为两脚分开,大于肩宽,右脚稍前,左脚稍后,重心在左脚上,身体略左转。手臂自然弯曲,肘关节略近身,手腕内收,板形前压,引拍时前臂外旋拉向身体左后方。当球在一跳后处于上升末期或高点期时,经腰部带动上臂,上臂带动前臂,前臂带动手腕由左后方向右前方挥拍击球的中上部,触球的瞬间手指手腕快速内收摩擦球,这一过程中身体重心由左脚转移至右脚。击球后在惯性影响下做出随上动作,然后迅速还原,准备下一板击球。

2.加转弧圈球

加转弧圈球具有飞行弧线高、球速慢、旋转强的特点。这是应对对方下旋出台球的主要技术。

（1）正手拉加转弧圈球

站位中近台或中台,左脚稍前,右脚稍后,两膝内收微屈,重心在右脚上,身体略右转。右臂自然弯曲,在腰部向右下方转动的带动下,手臂引拍至身体右后下方位置,前臂内旋拍面稍前倾。当球在一跳后处于下降期时,经腰部带动上臂,上臂带动前臂,前臂带动手腕由右后下方向左前上方击球的中部偏上位置,触球的瞬间手指手腕以爆发性的力量摩擦球,这一过程中身体重心由右脚转移至左脚。击球后在惯性影响下做出随上动作,然后迅速还原,准备下一板击球。

（2）反手拉加转弧圈球

站位中近台或中台,右脚稍前,左脚稍后,两膝内收微屈,重心在左脚上,身体略左转。右臂自然弯曲,在腰部向左下方转动的带动下,手臂引拍至身体前或身体左后下方位置,前臂内旋拍面稍前倾。当球在一跳后处于下降期时,经腰部带动上臂,上臂带动前臂,前臂带动手腕由左后下方向右前上方击球的中部偏上位置,触球的瞬间手指手腕以爆发性的力量摩擦球,这一过程中身体重心由左脚转移至右脚。击球后在惯性影响下做出随上动作,然后迅速还原,准备下一板击球。

在做动作的过程中要特别注重腰腹和重心转换对发力的辅助作用,以及手腕由内收到外展的爆发性过程对球施加更大摩擦力的作用,这是拉出高质量反手加转弧圈球的关键。

（六）搓球

1. 慢搓

正手慢搓,左脚稍前、右脚稍后,身体重心在左脚上。准备击球时持拍手向右上方引拍,当球在上升末期或高点期时,在前臂的带动下手腕向左前下方搓球,拍形后仰,击球的中下部。

反手慢搓,右脚稍前,左脚稍后,身体重心在右脚上。准备击球时持拍手向左上引拍,当球在上升末期或高点期时,在前臂的带动下手腕向右前下方搓球,拍形后仰,击球的中下部。

2. 快搓

正手快搓,左脚稍前、右脚稍后,身体重心在左脚上。准备击球时持拍手向右上方引拍,当球处于上升中期或上升末期时,在充分利用前臂力量的基础上,手腕向左前下方搓球,拍形后仰,击球的中下部。

反手快搓,右脚稍前、左脚稍后,身体重心在右脚上。准备击球时持拍手向左上方引拍,当球处于上升中期或上升末期时,在充分利用前臂力量的基础上,手腕向右前下方搓球,拍形后仰,击球的中下部。

二、乒乓球运动基本战术教学指导

（一）发球抢攻战术

作为一种非常积极的争夺主动权的战术,发球抢攻经常被进攻型选手采用。如果运用得当,不仅能巩固发球带来的主动权,甚至能够直接得分。常用的发球抢攻战术有下面几个。

（1）正手发转与不转球后抢攻。

（2）正手发逆旋转右侧上旋球后抢攻。

（3）反手发右侧上、下旋球后抢攻。

（4）反手发奔球后抢攻。

（5）正反手下蹲砍式发右侧上、右侧下、左侧上、左侧下旋球后抢攻。

（二）接发球战术

接发球战术是接对方发球时采用的战术,其战术目的在于破坏对方的发球战术意图,变被动为主动。常用的接发球战术有以下几种。

（1）接发球直接以攻球或弧圈球技术进行抢攻,这是最为积极的接发球战术。

（2）用拉球、快拨或推拉回到对方的两条大斜线上,这是一种主动和对方展开相持的接发球战术。

（3）用台内挑打技术回接对方发来的近网短球至两条大斜线。

（4）用搓球技术摆短至对方正反手小三角区。

（5）用劈长技术至对方两条大斜线或对方中路偏正手位。

（6）用削球或搓球的旋转、落点变化来控制对方。

（三）对攻战术

对攻战术较常在两名进攻型选手间的对决中使用。常用的对攻战术有以下几种。

（1）调正手压反手。这是横板选手对直板选手时最常采用的战术。

（2）调反手压正手。这是对正手进攻能力欠缺的选手时较常采用的战术。

（3）调两边压中间。这是直板选手对横板选手时经常采用的战术。

（4）调中间压两边。这是对阵削球选手时经常采用的战术。

（四）拉攻战术

拉攻战术是以攻为主打法对付削球类打法的主要战术。其主要战术有以下几种。

（1）连续拉对方反手位，伺机突击进攻。

（2）拉对方两条斜线，伺机突击对方直线。

（3）拉对方中路，伺机突击对方两角。

（5）长拉短吊，伺机突击或暴冲。

（五）搓攻战术

搓攻战术的使用多见于直板选手和削球选手。常用的搓攻战术有以下几种。

（1）搓转与不转球至不同落点，伺机进攻。

（2）搓短球和劈长结合，伺机进攻。

（3）稳搓稳防，伺机进攻。

（六）削中反攻战术

削中反攻战术是削球选手的主要得分手段。常见的削中反攻战术有以下几种。

（1）以削加转球至对方两条大斜线，即所谓的"逼角"，然后伺机进攻。

（2）连续削对方正手位大斜线，然后突然托一板对方反手位球，伺机进攻。

第九章

民族传统体育项目健身方法研究

我国是有着 56 个民族的多民族国家,这些民族几乎都有各自的民族传统体育项目,而在民间也有许多民俗体育活动。其中许多项目已成为如今全民健身活动中颇受人们喜爱的项目,经常参与这些活动有助于强健身心、寓教于乐。本章就对武术、引导术和民俗运动等民族传统体育项目的健身方法进行研究。

第一节　武术健身方法

一、武术基本功

（一）手型基本技术

拳：四指并拢卷握,拇指紧扣食指和中指的第二指节,拳面要平,拳握紧（图 9-1 ）。

掌：四指并拢伸直,拇指弯曲紧扣于虎口处（图 9-2 ）。

勾：五指第一指节捏拢在一起,屈腕（图 9-3 ）。

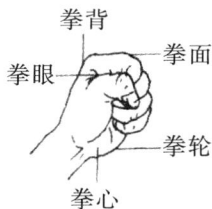
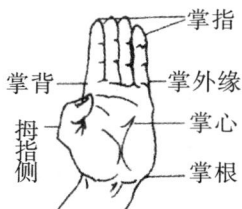
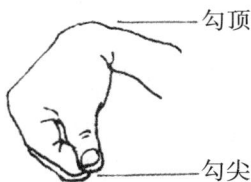

图 9-1　　　　　　图 9-2　　　　　　图 9-3

1. 冲拳

两脚左右开立,与肩同宽,两拳抱于腰间,肘尖向后,拳心向上。挺胸、收腹、立腰,右拳从腰间向前猛力冲出,转腰、顺肩,在肘关节过腰后右前臂内旋。力达拳面,臂要伸直,高与肩平。同时左肘向后牵拉,练习时左右可交替进行(图 9-4)。

2. 架拳

两脚左右开立,与肩同宽,两拳抱于腰间,肘尖向后,拳心向上。右拳向下,向右,向上经头前向右上方划弧并在右前上方架起,拳眼前下,眼看上方。练习时左右交替进行(图 9-5)。

图 9-4　　　　　　图 9-5

3. 推掌

两脚左右开立,与肩同宽,两拳抱于腰间,肘尖向后,拳心向上。右拳变掌,前臂内旋,并以掌根为力点,向前猛力推出。推击时要转腰、顺肩,臂要伸直,高与肩平。同时左肘向后牵拉。练习时,左右可以交替进行(图 9-6)。

4. 亮掌

两脚左右开立，与肩同宽，两拳抱于腰间，肘尖向后，拳心向上。右拳变掌，经身体两侧向右、向上划弧，至头部右前上方时，抖腕亮掌，臂成弧形。掌心向前，虎口朝下，眼随右手动作转动，亮掌时，注视左方。练习时，左右手交替进行（图9-7）。

图9-6   图9-7

（二）步型基本技术

1. 弓步

并步直立抱拳。左脚向前一大步（约为本人脚长的4～5倍），脚尖微内扣，左腿屈膝半蹲（大腿接近水平），膝与脚尖垂直。右腿挺膝伸直，脚尖内扣（斜向前方），两脚全脚着地。上体正对前方，眼向前平视，两手抱拳于腰间。弓右腿为右弓步；弓左腿为左弓步（图9-8）。

图9-8   图9-9

2. 马步

并步直立抱拳。两脚平行开立(约本人脚长的 3 倍),脚尖正对前方,屈膝半蹲,膝部不超过脚尖,大腿接近水平,全脚着地,身体重心落于两腿之间,两手抱拳于腰间(图 9-9)。

3. 虚步

并步直立叉腰。两脚前后开立,右脚外展45°,屈膝半蹲,左脚脚跟离地,脚面绷平,脚尖稍内扣,虚点地面,膝微屈,重心落于后腿上。两手叉腰。眼向前平视。左脚在前为左虚步;右脚在前为右虚步(图9-10)。

4. 仆步

并步直立抱拳。两脚左右开立,右腿屈膝全蹲,大腿和小腿靠紧,臀部接近小腿,右脚全脚着地,脚尖和膝关节外展,左腿挺直平仆,脚尖里扣,全脚着地。两手抱拳于腰间。眼向左方平视。仆左腿为左仆步;仆右腿为右仆步(图 9-11)。

图 9-10   图 9-11

5. 歇步

并步直立抱拳。两脚交叉靠拢全蹲,左脚全脚着地,脚尖外展,右脚前脚掌着地,膝部贴近左腿外侧,臀部坐于右腿接近脚跟处。两手抱拳于腰间。眼向左前方平视。左脚在前为左歇步;右脚在前为右歇步(图9-12)。

图 9-12

二、武术组合动作

（一）五步拳动作组合

五步拳是由步型结合手法进行的组合练习,其中步型包括弓步、马步、歇步、仆步、虚步五种步型;手法包括搂手、冲拳、按拳、穿掌、挑掌、架打、盖达等。五步拳对于增进身体的协调能力,掌握动作与动作之间的衔接要领,提高动作质量都有很大的帮助。

五步拳组合动作:拗弓步搂手冲拳—弹腿冲拳—马步架冲拳—歇步冲拳—提膝穿掌—仆步穿掌—虚步挑掌—并步抱拳。

预备姿势:并步抱拳。

1. 主要动作

（1）拗弓步搂手冲拳

身体稍向左转,左脚向左前方上步,膝微屈,右腿随之屈膝半蹲成半马步。同时左拳变掌,俯掌向左前方搂出,掌心朝前。目视左手。

重心前移,左腿屈膝半蹲,右腿随之伸直,脚跟外蹬成左弓步。同时左手握拳收抱于腰间;右拳于腰间猛力向前冲出,臂与肩平。目视右拳。

（2）弹腿冲拳

重心前移,左腿挺膝立起;右腿屈膝提起,当膝抬至接近水平时,迅速挺膝绷脚面,向前甩摆小腿,腿成水平。同时右拳收抱至腰间;左拳至腰侧向前猛力冲出,高于肩平,力达拳面。目视左拳。

（3）马步架冲拳

右脚向前落步,脚尖内扣,上体左转90°,两腿屈膝半蹲成马步。

同时左拳变掌,屈肘上架于头上方;右拳至腰间向右平拳冲出,臂与肩平。目视右拳。

（4）歇步冲拳

左转身约90°,左脚向右脚后插一步,脚前掌着地。同时左掌收至腰间抱拳,拳心向上;右拳变掌向上经头上方向前下方盖掌至胸前,掌心向下,掌指尖向左。目视右掌。

两腿屈膝全蹲成右歇步。同时右掌变拳收至腰间;左拳自腰间向前平拳冲出。目视左拳。

（5）提膝穿掌

右腿挺膝直立,左腿屈膝提起。同时左拳变掌屈肘回收下按;右拳变掌自腰间经左手背向前上方穿出,左掌顺势回收至右腋下。目视右掌。

（6）仆步穿掌

右腿屈膝全蹲,左腿随之向左侧落步,左脚内扣,左腿平仆成左仆步。同时左手经腹前,沿左腿内侧穿至左脚面,掌心朝前。目视左掌。

（7）虚步挑掌

重心前移,左腿屈膝蹲起,脚尖外展,右脚随之蹬地向前上步,脚尖内侧着地成右虚步。同时左手向前,经上绕至左后方成勾手;右手向下,经体右侧绕至右前成立掌,两臂成一直线,左手稍高,右手略低。目视右手。

（8）并步抱拳

重心前移,左脚向右脚靠拢成并步。同时右掌和左勾手变拳回收分别抱于腰间,拳心向上。目视前方。

2. 动作要点

五步拳结合五种步型、步法和三种手型编成组合。要求与要点均与前同。

（二）腿法组合动作

腿法组合动作有抡臂砸拳—单拍脚—侧踹腿—弹腿推掌—并步抱拳。以并步抱拳为预备姿势。

1. 主要动作

（1）抡臂砸拳

上体右转，右脚向右侧迈出一步成右弓步。同时左拳变掌向下、向前撩出，掌心向斜上。眼看右下方。随即上体右转，左腿支撑，右腿屈膝前提；同时左手向上、向右抡臂至身体左侧平举，掌心朝前；右掌变拳向右、向上抡于头上方，拳面向上。眼看前方。右脚勾足向左脚内侧震踏地面成并步半蹲。同时左掌向前摆于腹前，掌心向上；右拳向下砸左掌心。眼看前下方。

（2）单拍脚

起立，右脚向前上一步，同时右拳变掌向上、向后摆于体后平举；左掌向前伸于体前，两掌虎口向上。眼看左手。左脚向前上一步，同时右掌向下、向前、向上使掌背在脸前方击左掌心。眼看前方。左腿支撑，右脚脚尖绷起向前上方踢起。同时右掌迎击右脚面；左掌变勾手，摆于身体左侧成平举。眼看前方。

（3）侧踹腿

右脚下落，脚尖外撇，身体右转成交叉步。同时两掌内收于胸前交叉，右掌在外，左掌在内，眼看左前方。右腿支撑，左腿屈膝勾足提起，随即向左侧上方踹出。同时两掌向左右两侧横撑，眼看左脚。

（4）弹腿推掌

左脚落于右侧成盖步，两掌不变，随即左腿支撑，右腿屈膝提起，向前平踢出，脚绷直，与腰平。同时左掌向前推出成立掌，掌心向前；右掌变拳收抱于腰间，眼看前方。

（5）并步抱拳

右脚下落，脚尖内扣；左脚向右脚内侧靠拢成并立步。同时左手握拳收回腰间。眼看前方。

2. 动作要点

虚步要做得虚实分明；仆步要拧腰、转头；歇步两腿要靠拢，后膝紧贴前小腿外侧。起伏转折要协调一致。

第二节　引导术健身方法

引导术健身的内容有很多,如五禽戏、六字诀、八段锦等都是较为有效的健身手段,经常参加这些项目的习练能起到良好的健身效果。受篇幅所限,本节重点阐述五禽戏的健身方法。

一、五禽戏之预备势

(1)两腿伸直,两脚并拢,两手自然放在身体两侧。头部和脖子保持正直,下颌微收,舌抵上腭,眼看前方。

(2)左脚平开一步,两脚距离与肩同宽,松静站立。调整呼吸若干次,意守丹田。

(3)肘部稍稍弯曲,两臂在身体前方作向上平托的动作,高度与胸齐平。

(4)两肘下垂外展,两掌内翻的同时慢慢下按于腹前,眼看前方。做两次(3)(4)的动作,然后两手自然垂于身体两侧。

二、五禽戏之虎戏

(一)虎举

(1)双手十指张开,掌心向下,然后十指内抠成虎爪状。眼看两手。

(2)两虎爪外旋,小指先弯曲,另外四指依次弯曲,最终成握拳状,拳心相对。两拳沿体前缓慢上提,上提到与肩同高时十指再撑开,举拳到头顶上方。眼看两手。

(3)两掌再弯曲成虎爪状外旋握拳,拳心相对。眼看两手。

(4)两拳下拉至肩前时,变掌下按,后沿体前下落至腹前,十指撑开,掌心向下。眼看两手。

(5)做3次(1)～(4)的动作,然后两手自然垂于身体两侧。

（二）虎扑

（1）两掌握空拳,从身体两侧上提到肩上位置。

（2）双手十指张开,掌心向下,然后十指内抠成虎爪状。两手向上、向前画弧。此时身体前俯,挺胸塌腰。眼看前方。

（3）两腿下蹲,两手向下画弧停止于两膝旁边,掌心向下,眼看前下方。然后两腿送髋,上体挺腹后仰,两掌握空拳经身体两侧向上提到胸部两侧位置。眼看前上方。

（4）左腿提起,过程中两手上举。左脚向前迈出一步,右腿下蹲成左虚步。然后上体前倾,两拳变"虎爪"向前下方按,好似猛虎扑食,眼看前下方。随后上体抬起,左脚收回,还原回准备姿势。

（5）左右方向各做 1 次（1）~（4）的动作,两回合动作完成后,两掌向身体两侧前方托起,高度与胸齐平。两臂屈肘,两掌内合下按,自然落回到身体两侧。眼看前方。

三、五禽戏之鹿戏

（一）鹿抵

（1）两腿稍微弯曲,左脚向左前方迈出一步。身体稍右转,两掌握空拳向右侧摆起,高度与肩齐平,拳心向下。过程中眼睛始终看手,最终落在右拳上。

（2）身体重心稍微向前移动,左腿屈膝,脚尖外展,右腿蹬实。此时身体向左转,两拳变掌模仿鹿角的形态,经上、左、后三个方向画弧,掌心向外,指尖朝后。左臂弯曲外展平伸,左肘靠住腰侧;右臂经头前向左后方伸抵,眼看右脚跟。随后身体回转,左脚收回,手臂按原来路线还原和下落。身体成初始姿势。

（3）做 7 次左右交替的（1）~（2）动作。

（二）鹿奔

（1）左脚向前跨步,右腿伸直,左腿屈膝,成左弓步。同时,两掌握空拳,向上、向前画弧至体前,与肩同高,与肩同宽,拳心向下。眼看前方。

（2）身体重心后移,左膝伸直,全脚掌着地,右腿屈膝。低头,弓背,收腹。同时,两臂内旋,两掌前伸,掌背相对,拳变"鹿角"。

(3)身体重心前移,上体抬起,右腿伸直,左腿屈膝,成左弓步。松肩沉肘,两臂外旋,"鹿角"变空拳,高与肩平,拳心向下。眼看前方。

(4)左脚收回,开步直立,两拳变掌回落于身体两侧。眼看前方。

(5)做2回合左右交替(1)~(4)的动作,然后两掌经身身体两侧前方向上托起,高度与胸齐平。眼看前方。手臂弯曲,两掌内合下按落于身体两侧。眼看前方。

四、五禽戏之熊戏

(一)熊运

(1)两掌空握模仿熊掌的形态。拳眼相对,放置于下腹部。

(2)以肚脐为中心,放置在腰腹部的两空拳按顺时针方向做圆周摇晃运动,与此同时躯体也要以顺时针方向做摇晃动作。若干次摇晃后,转为逆时针方向继续摇晃。

(3)重复(1)~(2)的动作。

(二)熊晃

(1)身体重心从中间移至右脚,左髋部作上提动作,左脚离地且左膝微屈。两掌空握模仿熊掌的形态。眼看左前方。

(2)左脚向左前方迈步落地踏实,脚尖朝前,右腿伸直。过程中身体向右转,左臂内旋向前靠,摆至左膝前上方,拳心向右。右拳后摆到身体后方。

(3)身体向左转,左腿伸直,右腿屈膝。过程中身体要拧腰晃肩,该动作要带动两臂做前后弧形摆动,右拳摆至左膝前上方,左拳摆至体后。

(4)身体向右转,左腿屈膝,右腿伸直。过程中左臂内旋,左拳摆至左膝前上方,拳心向左,右拳后摆到身体后方。

(5)各做1次左右对应的(1)~(4)的动作,然后将全部动作连接做。

五、五禽戏之猿戏

（一）猿提

（1）两掌在体前模仿猿勾形态。

（2）两肩上耸，脚跟上提。头向左转，眼随头动。

（3）两肩下沉，脚跟着地。头转正，猿勾变掌。眼看前方。

（4）两掌下落放置于身体两侧。

（5）做1次（1）～（4）的动作，然后再按相反的方向做1次。

（二）猿摘

（1）左脚向左后方撤步，脚尖点地，右腿屈膝。过程中左臂肘部弯曲，左掌以猿勾状收于左腰侧，右掌向右前方抬起。

（2）左脚踏实，屈膝下蹲，右脚收至左脚内侧，脚尖点地。过程中右掌向下经腹前向左上方画弧停止于头部左侧，掌心对太阳穴。

（3）右掌内旋，沿身体侧方下按停止于左髋侧，眼看右掌。右脚向右前方迈一大步后伸直，左腿蹬伸，左脚脚尖点地。过程中右掌经体前向右后上方画弧，停止于身体两侧变猿勾状，高度稍高于肩；左掌向前上方伸举，屈腕做出采摘动作。眼看左掌。

（4）身体重心后移。左掌从猿勾状变为握实；右手变掌后下落回体前。随后左腿下蹲，右脚收回脚尖点地。过程中左臂屈肘收至左耳旁，手指分开，掌心向上成托桃状，眼看左掌；右掌经体前向左侧画弧停止于左肘下托住。

（5）左右各做1次（1）～（4）的动作，然后左脚向左横开一步，两腿直立。两手回落到身体两侧，再向身体两侧前方举起，高度与胸齐平。手肘弯曲，两掌内合下按，缓慢落于身体两侧。眼看前方。

六、五禽戏之鸟戏

（一）鸟伸

（1）两腿微下蹲，两掌于腹部前方交叠。

（2）两掌举到头的前上方。身体微前倾、提肩、缩颈、塌腰。眼看前下方。

（3）两腿下蹲，两掌交叠下按停止于腹前。眼看两掌。

（4）右腿蹬直，左腿向后抬起。过程中两掌分开模仿鸟翅的形态，掌心向上，并向身体两侧后方摆起。眼看前方。

（5）左脚回落成开立步，两腿微屈半蹲。过程中两掌下落经身体两侧交叠在腹部前。眼看两掌。

（6）两掌上举至头前上方，指尖向前。眼看前下方。

（7）重复（3）（4）的动作，左右各做1次。然后左脚下落，两脚开立步站立，两手自然缓慢落于身体两侧。眼看前方。

（二）鸟飞

（1）两腿微屈，两掌成鸟翅状合于腹部位置。右腿伸直独立支撑，左腿屈膝提起。过程中两掌成展翅状在身体两侧平举向上，位置稍高于肩，掌心向下。眼看前方。

（2）左脚下落，脚尖着地。过程中两掌也下落在腹部前方交叠。眼看前下方。

（3）左腿伸直独立，右左腿屈膝提起，过程中两掌成展翅状在身体两侧平举向上，位置稍高于肩，掌心向下。眼看前方。

（4）左脚下落，全脚着地。过程中两掌下落在腹部前方交叠，掌心相对。眼看前下方。

（5）重复（1）～（4）的动作1次。然后两掌向身体两侧前方举起，高度与胸齐平。手肘部弯曲，两掌内合下按，两手自然缓慢落于身体两侧。眼看前方。

七、五禽戏之收势

（1）两掌经身体两侧上举至头顶上方，掌心向下。

（2）两掌指尖相对，沿体前缓慢下按到腹部前方。

（3）两手体前画平弧，高度与脐齐平。眼看前方。

（4）两手腹前虎口交叉叠掌合拢。调整呼吸，眼睛微闭，意守丹田。

（5）静待些许时间后两眼缓慢睁开，两手合掌搓擦胸前位置。

（6）两手在面部做干洗脸3～5遍。

（7）两掌经头顶、耳后、胸前后下落到身体两侧。眼看前方。

（8）左脚向右脚合拢，还原成预备姿势。

第三节　民俗运动健身方法

一、放风筝教学指导

风筝是我国传统体育娱乐项目,不仅如此,它还衍生出了风筝文化,成为我国民族文化的代表之一。放风筝看似简单,但实际上它其中包含有很多技巧,只有掌握这些必备的技术,才能顺利开展风筝运动。下面就对放风筝运动进行教学指导。

(一)风筝提线

我国风筝的种类多样,人们常见的风筝多属于传统硬翅风筝,这类风筝一般有三条提线牵引。对于膀翅宽度在 800 毫米以内的风筝,推荐采用二根提线为宜,二根提线设置的优势在于一旦风筝的飞行不稳定,二根线更容易对其进行有效控制。如果风筝的尺寸超大,则可适当增加提线的数量。就常见规格的风筝来说,其提线位置是由风筝结构决定的,只要按照风筝的制作要求在相应的位置绑上提线即可。设置上提线的位置通常为与水平方向夹角的 10° 左右位置。

(二)起飞方法

1.大型风筝的起飞方法

大型风筝的起飞需要有他人辅助。辅助者手持风筝居高,放飞者持放飞线走到距风筝十几米或几十米的位置站立,面向迎风方向。当感觉有风吹来时,放飞者发出起跑信号,辅助者将手松开,放飞者迎风跑步或快速收线,风筝借助风力便可腾空而起。

2.中小型风筝的起飞方法

中小型风筝由于面积小、质量轻,一人便可以完成放飞。具体方法为:放飞者一手持线轮,一手提提线,面向迎风方向。当有风吹来时乘势将风筝放开,同时放飞者迎风奔跑,当风筝腾空有一定高度后则可停止奔跑,改为用手边抖边放,以此更好地借助风力。如果风筝在空中出现左偏情况,则需要向左甩线,如果风筝出现右偏情况,则应向右甩线。

（三）上升和操纵

1. 放风筝的跑法

风筝起飞后要想获得稳定的腾空,需要让其尽快上升到一定高度。如果有足够的风力和放飞者的技术,可在原地就完成风筝的放飞。但如果风力较小,或放飞者技术不足,这就需要通过奔跑来实现起飞。为此,这里对放风筝的跑法进行分析。

技术动作:一手持线轮,一手持提线。开始奔跑时应是身体侧对前进方向,跑动过程中边看前进方向边关注风筝的情况。要注意避免低头猛跑不看风筝的情况,当然也不能只看风筝不看前面的路。

跑的速度:奔跑的速度取决于风筝的上升情况、风速以及手对风筝线施加的拉力大小。如果风力和风筝线的拉力较大,风筝上升较快,此时就可适当放慢跑速。如果风力和风筝线的拉力较小,风筝上升较慢,则应适当增加跑速。如果风筝在空中忽然出现了飞行不平稳的问题开始下跌,则需要停止跑动并松线,待风筝恢复稳定后再行奔跑。当风筝处于上升阶段时,要控制线轮适当放线,但应注意放线速度不要过快。

2. 原地不动的放风筝法

在有足够的风速并且放飞者能够娴熟掌握放飞技巧的情况下,可采用原地放风筝法。使用该方法放风筝分为三个阶段完成的。

第一阶段,风筝初始起飞后,放飞者持线做抖动抻线的动作。这个动作的意义在于增加风筝与气流之间的相对速度,使风筝能够更好地"借力",进而获得一个升力。

第二阶段,缓慢放线。放线后刚开始风筝会出现一些下沉的现象,但幅度不会很大。此时再做抖动抻线的动作,风筝便会再上升一个阶段。

第三阶段,当风筝飞翔到达一定高度时,在相对稳定的气流下可以保持在这个高度。此时继续缓慢放线,风筝便会自然借助高空风力上升。

3.硬翅风筝飞行时的不稳定状态

硬翅风筝在飞行过程中总难免会出现一些不稳定的情况。下面就对经常出现的几种不稳定的情况的解决方法进行指导。

（1）偏向一侧。面对风筝偏向一侧的问题，一是可考虑收回风筝后重新组装调试翅膀的方式解决；二是对提线进行调整，如果风筝在空中总表现出偏左的形态，则可将上提线向左侧调整一段距离，经多次调整后可达到稳定的飞行状态。

（2）扎跟头。当风筝飞起后尚没有稳定前遇到一些气流可能会出现扎根头的情况，并且下扎势头很猛，难以重新放起。实际上，造成这种情况出现的原因是多方面的，为此，只能一点点排查问题，如在不调整提线的情况下尝试加重风筝的尾部。如果此法不行，再对提线进行调整，如缩短提线的长度。如果在上述两种方法做完后还是出现下扎情况，则大概率说明这只风筝的制作失败。

（3）左右摇晃。风筝左右摇晃的表现为在空中忽左忽右，始终难以稳定悬停。导致这一问题的原因多为提线重心位置靠上，为此，下调提线位置是解决这一问题的关键。

（4）后坐。风筝后坐的表现为上升趋势不明显，即便是遇到较好的风速也更多是向远飞行而不是往高处飞行，如果遇到风力不足的情况，风筝就会表现出更加明显的向后"坐"的趋势。对于这一问题的调整方法应为上移提线，如果是多提线风筝，则需要收紧上提线并放长下提线。

（5）前俯。前附表现出的直接感觉好似风筝难以接上风力，一牵线风筝就向前俯下。对于这一问题的解决方法可以为把提线拉点略向下移。如果是多提线的风筝，则可以适当减小下提线的长度来增加可供风筝抬头的力。

（6）旋转。旋转是风筝被放起后难以处于稳定状态，像风车那样不停旋转。出现这种问题基本可以认定这只风筝的制作失败。补救措施为在尾部加上一细线作为尾巴，可在一定程度上改变旋转情况。

二、跳绳

（一）跳短绳教学指导

短绳的跳法有两脚轮跳和两脚并跳两种。这两种跳绳的方法都相对简单。在此之前首先应掌握正确的握绳、量绳和停绳的方法。如果使用的是有绳把的跳绳，可用拇指与其他四指分开自然握住的方式握绳；使用无绳把的跳绳，可将绳的两端绕在手掌上一至两周，绳被拇指和食指按住。正确的量绳方法为双脚踏绳，双手胸前直臂前抬，两手高度保持平行，此时绳子的长度就是合适的长度。停绳是当绳由后向前摇转时，一脚前伸，脚跟着地，脚尖抬起，使绳子中段停在脚掌下。

1. 两脚依次跳

（1）动作方法

做好跳前准备。跳绳开始后两手握绳由后向前摇，绳到体前时第一起跳脚前跨越绳，紧接着第二起跳脚跳起，如此使绳从两脚下依次摇过，如此反复进行（图 9-13）。

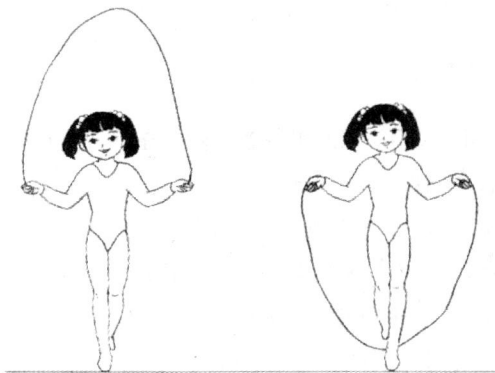

图 9-13

（2）动作要点

两脚交替跳起的时间非常短暂，体会依次越过的感觉是成功完成动作的关键。

2. 并脚跳

（1）动作方法

做好跳前准备。跳绳开始后两手握绳由后向前摇,当绳来到脚前位置的刹那双脚同时起跳,双脚越过绳,如此反复进行（图 9-14、图 9-15）。

图 9-14   图 9-15

（2）动作要点

这个动作的关键就在于准确掌握绳与脚之间的距离,确保双脚在碰触到绳之前完成起跳动作。

（二）跳长绳教学指导

在跳长绳中,两脚并脚跳和依次跳是最常见的跳法。其基础跳法为:跳绳人站在长绳中间,摇绳开始后原地起跳越过来绳,反复进行。当基本跳法掌握娴熟后即可尝试从正面或侧面跑入后连续跳,并再跑出。

跳长绳作为一种多人配合的跳绳方式,在跳绳人掌握跳绳的方法后,需要摇绳者掌握摇绳技巧。对于摇绳者来说,正确的握绳方法为单手或双手握绳一端,并可以在手臂上绕绳的方式来跳绳绳的长度。摇绳方法为两位摇绳者面对站立,两人的持绳手分别向相反的方向摇绳,动作要保持一致。以跳绳人为参照物的话,从上向下的运绳方向为正摇绳,从下向上的运绳方向为反摇绳。对跳绳人来说,跳反摇绳的难度无疑更大。

1. 原地并脚跳长绳

跳绳人侧向站在长绳中间位置准备。摇绳者起摇,当绳即将着地前,跳绳人原地双脚跳起让绳子从脚下经过,如此反复进行(图9-16)。

图 9-16

2. 原地两脚依次跳长绳

跳绳人侧向站在长绳中间位置准备。摇绳者起摇,当绳即将着地前,跳绳人以来绳方向近侧脚先跨过摇转的绳子,如此反复进行(图9-17)。

图 9-17

3. 两种长绳跳法的要点

摇绳者的摇绳要尽量保证速度适当、节奏均匀。跳绳人要把握好绳与脚的相对位置关系,确保起跳成功。

参考文献

[1] 李相如,苏明理.全民健身导论 [M].北京:高等教育出版社,2008.

[2] 罗旭.我国全民健身服务体系的理论构建与运行机制研究 [M].北京:北京体育大学出版社,2011.

[3] 郭亚飞,刘炜.社会体育学 [M].北京:北京师范大学出版社,2012.

[4] 傅浩坚,杨锡让.社会体育指导 [M].北京:高等教育出版社,2012.

[5] 田敬东,周海瑞.大众健身运动 [M].沈阳:白山出版社,2014.

[6] 于军,周君华,黄义军.全民健身服务实践体系建设研究 [M].北京:中国书籍出版社,2012.

[7] 赵胜国,王凯珍,邰崇禧.全民健身国家战略下体育消费观的时代意蕴及其实现路径 [J].武汉体育学院学报,2016（05）:220-221.

[8] 胡鞍钢,方旭东.全民健身国家战略:内涵与发展思路 [J].体育科学,2016（03）:3-9.

[9] 郝晨.全民健身公共服务内容标准化初探 [D].重庆:西南大学,2015.

[10] 张丽娜,王诚民,张文波.对国民体质健康研究若干问题的思考 [J].理论观察,2015（2）68-69.

[11] 魏德样,雷雯.中国省域国民体质发展水平的空间特征与格局演化 [J].上海体育学院学报,2018,42（3）:33.

[12] 晁铭鑫.自发性群众体育组织的形成与发展探究 [J].当代体育科技,2014,4（26）:112-113.

[13] 龙润,戴俭慧.社会转型期我国自发性群众体育组织的发展困境和培育路径 [J].当代体育科技,2017,7（11）:177-179.

[14] 步标,华明 . 运动生理学 [M]. 北京:高等教育出版社,2012.

[15] 张钧,张蕴琨 . 运动营养学 [M]. 北京:高等教育出版社,2010.

[16] 孙树勋 . 全民健身理念与科学运动指南 [M]. 北京:地质出版社,2016.

[17] 高东方 . 大众健身运动指南 [M]. 沈阳:东北大学出版社,2014.

[18] 张彤,胡旭东,徐林江 . 大众健身科学实践与发展研究 [M]. 北京:中国原子能出版社,2015.

[19] 杨毛元,易雪虎,张建池 . 大众健身理论与实践研究 [M]. 长春:吉林大学出版社,2015.

[20] 高东方 . 大众健身运动指南 [M]. 沈阳:东北大学出版社,2014.

[21] 国家体育总局健身气功管理中心 . 健身气功·易筋经 五禽戏 六字诀 八段锦 [M]. 北京:人民体育出版社,2005.

[22] 周庆海 . 传统养生功法 [M]. 北京:北京工业出版社,2011.

[23] 张广德 . 残疾人常见病养生运动处方 [M]. 北京:高等教育出版社,2014.

[24] 汤信明 . 足球运动教学与训练 [M]. 武汉:华中科技大学出版社,2012.

[25] 张诗雄 . 乒乓球、羽毛球、毽球 [M]. 西安:西安电子科技大学出版社,2016.

[26] 厉丽玉 . 户外运动与拓展训练 [M]. 杭州:浙江大学出版社,2012.

[27] 谢卫 . 休闲体育概论 [M]. 成都:四川大学出版社,2014.

[28] 梅雪雄 . 游泳 [M]. 北京:高等教育出版社,2016.

[29] 曹定汉 . 走跑与健身 [M]. 合肥:中国科学技术大学出版社,2007.

[30] 黄益苏,张东宇,蔡开明 . 传统体育运动 [M]. 北京:高等教育出版社,2007.

[31] 王琳 . 运动医务监督 [M]. 北京:北京体育大学出版社,2010.

[32] 陶宏军 . 我国广场舞的发展现状与对策研究 [J]. 长春师范大学学报(自然科学版),2014,33(3):110–112.

[33] 赵金林 . 浅谈我国广场舞发展的现状和瓶颈 [J]. 科技资讯,2015,13(12):229.